Michael Widmann

DAS KOPFTUCH

Gefahr für die plurale Gesellschaft?

Michael Widmann

DAS KOPFTUCH

Gefahr für die plurale Gesellschaft?

SANKT ULRICH VERLAG GmbH

Bibliographische Information der Deutschen Bibliothek
Die Deutsche Bibliothek verzeichnet diese Publikation in der Deutschen Nationalbibliographie; detaillierte bibliographische Daten sind im Internet über http://dnb.ddb.de abrufbar.

Umschlaggestaltung: UV Werbung,
Mediengruppe Sankt Ulrich Verlag, Augsburg
Titelbild: dpa
Druck und Bindung: Ludwig Auer GmbH, Donauwörth
Printed in Germany
ISBN 3-936484-48-1
www.sankt-ulrich-verlag.de

Inhalt

93 Prozent der Deutschen denken, wenn sie das Wort Islam hören, an: die „Unterdrückung der Frau". Dies ergab eine Allensbach-Umfrage im Jahr 2004. Vermutlich würden gar nicht wenige der 90 Prozent auf die Frage, woran man erkennen könne, daß der Islam Frauen unterdrücke, antworten: „Am Kopftuch." Wer jetzt noch wissen will: „Wieso am Kopftuch?", der bekäme möglicherweise zur Antwort, daß doch keine Frau freiwillig mit so was rumlaufe. Und daß die Frauen dazu gezwungen würden, das habe man doch bei den Taliban gesehen, oder im Iran, da könne man es immer noch sehen.

In bezeichnendem Mißverhältnis zu der Selbstsicherheit, mit der heute alle möglichen Leute über den Islam herziehen, stehen die Kenntnisse über diese Religion von schätzungsweise drei Millionen Menschen in Deutschland (Tendenz steigend). Eine pakistanische Universitätsdozentin meinte dazu kürzlich: „Wir merkten bei unserem Besuch in Deutschland, daß sie wirklich gar nichts über den Islam wissen."

Auf viel Zustimmung stieß die Initiative der baden-württembergischen Kultusministerin Annette Schavan (CDU), der Lehrerin Fereshta Ludin die Tätigkeit im staatlichen Schulwesen ausschließlich deshalb zu verwehren, weil sie als Muslimin ihr Kopftuch auch in ihrem Beruf tragen wollte. Wohlgemerkt war die Lehrerin weder hinsichtlich ihrer Kompetenz noch hinsichtlich ihrer politischen Überzeugungen, weder hinsichtlich ihrer Akzeptanz bei den Schülern noch hinsichtlich irgendeines unerwünschten Einflusses auf diese beanstandet worden, sondern ausschließlich wegen ihrer glaubensgemäßen Kopfbedeckung.

Daß also dem bloßen Tragen eines Kopftuches eine derartige Brisanz zugesprochen wurde, daß Baden-Württemberg und weitere Bundesländer schließlich Gesetze erließen, die dies Lehrerinnen an staatlichen Schulen verwehrten, ist in der deutschen Rechtsgeschichte ein einmaliger Vorgang.

Ist das Tragen eines Kopftuches wirklich so gefährlich, daß es ohne Ansehen der Person Schülerinnen, Lehrerinnen, Studentinnen und Staatsbeamtinnen allgemein – so verschiedene Gesetze und Bestrebungen in Frankreich, der Türkei, neuerdings auch in Deutschland – verboten werden muß? Sind Frauen wir Marieluise Beck, Barbara John, Rita Süssmuth, Marianne Birthler, Renan Demirkan, Liselotte Funcke, Maria Jepsen, Renate Künast, Sabine Leutheusser-Schnarrenberger, Katja Riemann, Claudia Roth, Katharina Rutschky, Krista Sager und Irmgard Schwaetzer blind gegenüber der Unterdrückung der Frau im Islam, daß sie sich gegen ein Kopftuchverbot zusammenschlossen? Ergeben sich Länder wie Großbritannien oder Schweden, wo es sogar Polizistinnen mit islamischem Kopftuch gibt, bereitwillig einer Okkupation durch Kräfte, die die plurale Gesellschaft zerstören und aus ihr einen muslimischen Einheitsstaat machen wollen? Müßte man dann das Tragen des Kopftuches nicht generell verbieten und vielleicht sogar alle Moslems ausweisen, die meinen, solche gefährlichen Kleidungsstücke tragen zu müssen?

Ist das Kopftuch ein politisches Symbol?

Manche formulieren es vorsichtig. Sie sagen, das Kopftuch selbst sei zwar kein politisches Symbol, es werde aber von den Islamisten als solches benutzt. Etwas schärfer ist der Vorwurf: Das Kopftuch werde aus unterschiedlichen Motivationen getragen, manche Frauen würden es aber aus politischen Gründen tragen. Und schließlich: Das Kopftuch sei ein politisches Symbol, kein religiöses Kleidungsstück.

Was ist das eigentlich genau, ein Symbol? Ein Symbol ist ein Gegenstand (im weitesten Sinne), der auf etwas anderes verweist. Symbol könnte man also mit Zeichen oder Erkennungszeichen übersetzen. Die meisten Symbole werden bewußt gesetzt oder gesendet, getragen oder gegeben. Der Absender oder Träger will anderen damit etwas sagen, über sich oder über etwas anderes. Manche Gegenstände werden auch von außen einfach als Symbol angesehen, auch wenn sie eigentlich nicht mit dieser Absicht entstanden sind, z.B. der Kölner Dom als Symbol für Köln.

Was soll nun das Kopftuch in diesem Feld sein? – Ursprünglich ist es durchaus ein Erkennungszeichen, denn die Muslimas tragen es, damit sie als solche erkannt und nicht belästigt werden, wie es im Koran, Sure 33:59, heißt. Sie wollen in der Öffentlichkeit nicht mit zum Zwecke letztlich sexueller Kontaktanbahnung angesprochen werden. Das ist der Kern der Symbolik des Kopftuches. (Am ehesten ist dieses Kleidungsstück mit einer Ordenstracht zu vergleichen, denn Ordensschwestern stehen bekanntlich auch nicht für Flirts zur Verfügung. Aber das ist auch schon alles.) In der Interpretation der muslimischen Gemeinde signalisiert das Kopftuch, daß es sich bei der Trägerin um eine ehrbare Glaubensschwester handelt, um eine fromme Muslima. Für einen Außenstehenden bedeutet das Kopftuch, daß es sich (wenn nicht um eine alte Bäuerin oder die Trägerin einer Volkstracht) um eine Angehörige des Islams handelt, die ihre Religion praktiziert, ihren Glauben lebt. Das sind jeweils Zuschreibungen von außen, die immer den Charakter einer letzten Unsicherheit haben, ebenso wie das Fehlen dieses Kleidungsstückes auch keine Gewähr bietet, daß die betreffende Person „nicht ehrbar" oder „ungläubig" ist. Aber so ist das eben mit Symbolen.

Und was hat das alles mit Politik zu tun? – Gar nichts. Na schön, es gibt vielleicht die eine oder andere Muslima, die, zusätzlich zu ihrer religiösen Motivation, ein Kopftuch zu tragen, den Westen, in dem sie lebt, zu leichtlebig findet, und da wolle sie ein Zeichen setzen, daß man auch anders leben kann. Eine kleine, wenn man so will, gesellschaftspolitische Demonstration, ein stiller Protest. Dagegen ist nichts einzuwenden, sonst hätte man Punker längst verbieten müssen oder die kleinen roten Schleifchen, die Aids-Ribbons heißen.

Aber das Kopftuch stehe für die Unterdrückung der Frau, heißt es immer wieder (dazu mehr im nächsten Kapitel). Dann würden also Frauen ein Symbol für ihre eigene Unterdrückung tragen. Warum demonstrieren dann junge Muslimas fröhlich lachend für ihr Kopftuch? Warum prozessiert dann eine Lehrerin bis hinauf zum Bundesverfassungsgericht, daß sie ihr Kopftuch aufbehalten darf? Warum kommen dann junge Frauen aus der Türkei zum Studium nach Deutschland, weil sie hier auf dem Campus ihr Kopftuch tragen dürfen? Stehen die alle unter Drogen oder einer Gehirnwäsche? Oder sind sie wahnsinnig, begrüßen die eigene Unterdrückung? Oder werden sie von so geheimen wie finsteren Mächten wie Marionetten gelenkt? Man sieht, man kommt ganz schön in den Wald mit einer Behauptung, mit der in Deutschland Politik gemacht wird, und zwar aus der ersten Reihe der CDU/CSU.

Aber mit den „finsteren Mächten" werden durchaus konkrete Organisationen verbunden, islamische Vereinigungen, die sich für das Kopftuch einsetzen und von denen es heißt, sie seien islamistisch.

Der Bamberger Islamkundler Ralf Elger: „Während die meisten Gläubigen aus Tradition dem Islam anhängen und die göttlichen Gebote in eher laxer Form befolgen, so besitzen Islamisten ein reflektiertes Verhältnis zur Religion" (Islam, 2002, S. 73). Demnach wollen Islamisten „back to the roots" zu Koran und Sunna. Zwei Prinzipien gelten aber für jeden Moslem: Der Islam ist eine Gesetzesreligion. Der Islam ist Religion und Staat. Muslimische Alternativen zu den weltlichen Ideologien Sozialismus, Nationalismus und Liberalismus enthalten als Utopie die Frühzeit des Islams und als Rechtsideal die „Einführung der Scharia". Es ist aber Gegenstand des islamistischen

Diskurses, wie das praktisch aussehen soll. In Deutschland gelten keine fünf Prozent der Moslems als Islamisten. Die überwältigende Mehrheit der deutschen Moslems stammt aus der Türkei und ist geprägt vom dortigen Laizismus, bei dem der Staat die Religion kontrolliert und die Präsenz der Religion in der Öffentlichkeit scharfen Restriktionen unterliegt. Und in Deutschland leben höchstens 3,5 Prozent Moslems.

Daß sich Vereine, die ob zu Recht oder zu Unrecht „islamistisch“ genannt werden, eher für als gegen das Kopftuch aussprechen, ist nicht überraschend. Auch katholische Gruppen, die in der Öffentlichkeit als ultrakonservativ gelten, sprechen sich vermutlich eher für als gegen den Besuch der Sonntagsmesse aus. Das ist aber noch kein Argument pro oder contra die heilige Messe bzw. das islamische Kopftuch. Weder Kopftuchtragen noch Meßbesuch werden schon deshalb zum Politikum, weil bestimmte Gruppen es propagieren. Es handelt sich in beiden Fällen um von der Religionsgemeinschaft vorgeschriebene Verhaltensweisen, die von den praktizierenden Mitgliedern selbst dann als solche angenommen werden, wenn das Gros der Mitglieder dem nicht oder nur periodisch nachkommt.

Auch die in Deutschland lebenden und kopftuchtragenden Muslimas selbst treten nicht politisch in Erscheinung. Und selbst wenn sie politisch aktiv wären, wäre das für sich genommen kein Grund, ihnen ihre Kopfbedeckung zu verwehren. Es gibt auch unter den Lehrern in Deutschland nicht wenige, deren Parteibuch ebenso bekannt ist wie ihr diesbezügliches Engagement. Selbst wenn eine Lehrerin ein politisches Engagement aufweist, das man nicht als durchgängig staatstragend bezeichnen kann, wäre es bei unbeanstandetem Unterricht fraglich, ob das schulrechtlich relevant ist. Seltsamerweise ist aber noch nicht einmal eine kopftuchtragende Muslimin bekannt, die etwa gegen die Gleichberechtigung der Frau zu Felde gezogen wäre. Es gab auch keine Demonstrationen, auf denen hunderte oder tausende solcher Frauen die Emanzipation verdammt und Alice-Schwarzer-Puppen verbrannt hätten. Von Schulungszentren für Muslimas, in denen gelehrt wird, wie Parteien zu unterwandern seien, wie Jugendliche manipuliert werden können oder wie der bewaffnete Umsturz in Deutschland glücken könnte, fehlt jede Spur.

Einem Kleidungsstück, dem seine Träger keine politische Absicht zuschreiben, und Trägern eines Kleidungsstücks, die politisch nicht tätig sind, zu unterstellen, es handle sich um ein politisches Symbol, erscheint mehr als abenteuerlich, es ist dreist. Die Unterstellung wird auch dann nicht wahrer, wenn man einen konservativeren Lebensstil dazudenkt. Wäre es da nicht ehrlicher und realistischer, sich gleich an das zu halten, was seit Jahrzehnten einhellige Meinung sowohl der Wissenschaft als auch der Moslems ist: daß das Tragen eines Kopftuches im Islam eben schlicht und ergreifend ein Teil der religiösen Lebensgestaltung ist? Die politische Symbolik des Kopftuchs stellt sich jedenfalls als reine Erfindung heraus.

Warum aber wird das dann überhaupt behauptet? – Dafür gibt es zwei zusammenhängende Gründe, einen auf der Ebene der Information, einen auf der Ebene der Motivation: Wer sich hinsichtlich des Kopftuches seine Informationen bei der türkischen Religionsbehörde oder ihren hiesigen Gefolgsleuten holt, dem wird natürlich gesagt, das Kopftuch sei (potentiell) ein politisches Symbol. Warum? – Weil der türkische Staat ein laizistischer ist, der die Religion aus der Öffentlichkeit verdrängt. Bereits Staatsgründer Kemal Atatürk (1881–1938) verbot den Fez, jene traditionelle türkische Kopfbedeckung der Männer, die bei uns immer noch als Türkenhut bekannt ist. Wer in der Türkei öffentlich ein Kleidungsstück trägt, das für seinen Glauben steht, widerspricht dadurch implizit der Staatsdoktrin. Nun braucht und will auch der Kemalist nicht jeder Bäuerin ihr Kopftuch herunterzureißen, aber staatsnahe oder gar staatstragende Personen dürfen auf keinen Fall eines tragen. Deshalb ist es an Universitäten und im Parlament verboten. Und wer dorthin strebt und es trägt, der ist gefährlich, weil er den Laizismus, das heißt die Unterdrückung der Religion, gefährden könnte.

Steht das Kopftuch gegen die Gleichberechtigung?

Die moslemischen Mädchen und Frauen, die Kopftuch tragen, heißt es, würden ohnedies dazu gezwungen. Sollten Musliminnen freiwillig dieses Stück Stoff tragen, so seien sie entweder heimlich von Fundamentalisten gelenkt oder selbst Fanatikerinnen. In jedem Falle aber stünde die Ablehnung der Gleichheit der Geschlechter dahinter. Dies sei vor dem Hintergrund des Grundgesetzes inakzeptabel. Solche Frauen dürften nicht Kinder unterrichten (neuerdings in Deutschland). Kopftuchtragen müsse in der Schule ganz verboten werden, damit befreie der Staat die Mädchen vom Einfluß der Islamisten (neuerdings in Frankreich).

Selbstverständlich gibt es bei nahezu allen nichteuropäischen Einwanderern andere Familienverhältnisse als bei uns. Daß demzufolge auch bei Muslimen elterliche, insbesondere väterliche Autorität ebenso wie die archaischen Sitten des Herkunftslandes eine größere Rolle spielen, versteht sich von selbst. Lernen die Kinder nun deutsche Gepflogenheiten kennen, kommt es selbstverständlich zu familiären Konflikten. Und da die überwältigende Mehrheit der Zuwanderer eher aus einfachen Verhältnissen kommt, wird die Streitkultur in den Familien nicht ganz den Idealen der antiautoritären Erziehung entsprechen. Alles das muß man berücksichtigen, wenn man über Gewalt oder Zwang spricht. Dann erscheinen die Verhältnisse keineswegs erschreckend anders als bei uns.

Man muß aber auch wissen: Jemanden zu zwingen, etwas Religiöses zu tun oder zu glauben, widerspricht dem Koran: „Es gibt keinen Zwang im Glauben" (Sure 2:257). Erklärungen muslimischer Verbände in Deutschland haben es immer betont: Jemanden zum Tragen eines Kopftuches zu zwingen, ist genauso verwerflich, wie jemanden zum Ablegen eines Kopftuchs zu zwingen. Freilich ist das Wissen um die eigene Religion auch bei vielen Moslems mangelhaft, und oft vermischt es sich mit kulturellen Gepflogenheiten. Es gilt aber stets, zwischen (einigen schiefgewickelten) Gläubigen und ihrer (oft ganz anderen) Religion zu unterscheiden.

Daß es türkische Vereine oder Migrantinnenvereine gibt, die gegen das Tragen des Kopftuches agitieren, das sollte nicht als Stimme aus der Mitte des Islams mißverstanden werden. Solche Vereine verstehen sich ja selbst nicht in erster Linie als fromme Vereinigungen, deren Motivation ausschließlich religiöser Natur ist. Der Hintergrund eines türkischen Vereins wird im Zweifel laizistischer Natur sein. In Deutschland haben wir aber eine andere Staatsverfassung (wir werden darauf zurückkommen). Auch Migrantinnenvereine haben in erster Linie kein religiöses Anliegen. Sie vertreten die Interessen von Frauen, die oft ein schweres Schicksal nach Deutschland gebracht hat. Daß dabei Konflikte mit deren (islamischen) Herkunftskulturen und Männern von patriarchalischem bis machistischem Selbstverständnis ins Spiel kommen, versteht sich von selbst. Aus der Gemengelage althergebrachter orientalischer, afrikanischer oder kaukasischer Sitten mit dem Islam läßt sich aber kein klares Bild dieser Religion zeichnen. Das heißt nicht, daß die Erfahrungen dieser Frauen nicht respektiert werden sollten. Aber sie bilden keine Blaupause für die Wirklichkeit kopftuchtragender Musliminnen in Deutschland.

Was diese betrifft, muß man davon ausgehen, daß es sich der Durchschnittsdeutsche schlichtweg nicht vorstellen kann, daß eine Frau heutzutage freiwillig ein Kopftuch trägt. Der Durchschnittsdeutsche kann sich aber auch nicht vorstellen, wie jemand heutzutage freiwillig sein Leben lang auf Sex verzichten kann, um als Priester oder Ordensmitglied zu leben. Wenn der Durchschnittsdeutsche ehrlich ist, kann er sich aber auch bald nicht mehr vorstellen, wie jemand sein ganzes Leben mit ein- und demselben Ehe- und Sexualpartner verbringt, oder wie jemand ohne Auto, Fernseher, Handy, Computer und Urlaubsreise glücklich sein kann. Das alles war aber vor fünfzig Jahren ganz normal, ebenso übrigens, daß weder Herr noch Dame ohne Hut aus dem Haus gingen – nicht nach Lust und Laune oder nach demokratischer Abstimmung, sondern einer Konvention gehorchend.

Mohseen Massarrat, Professor für Politik und Wirtschaft an der Universität Osnabrück, beantwortete 2004 aus eigener Erfahrung die Frage, warum Millionen moslemischer Frauen in der ganzen Welt so großen Wert auf ihre Kopfbedeckung legen: „Die Antwort auf diese Frage ist ziemlich einfach: Die überwältigende Mehrheit von ihnen tun es aus Gewohnheit, weil sie sich den traditionellen Konventionen ihrer Kulturen verpflichtet fühlen. Sie tragen das Kopftuch oder den Schleier, weil sie sich subjektiv besser geschützt fühlen und dieses Stück Stoff – ob andere dies gut oder schlecht finden – ein Stück ihrer persönlichen Identität geworden ist. Meine Schwester etwa, die mich oft in Deutschland besucht, sagt mir, ohne Kopftuch fühle sie sich einfach unangezogen. Frauen aus meiner Verwandtschaft im Iran lehnen – wie 80 Prozent der Iraner – das Mullah-Regime ab. Ihnen würde jedoch nie in den Sinn kommen, deshalb ihren Schleier abzulegen. Sie haben den Schleier auch schon vor diesem Regime getragen."

Wer den weiblichen Muslimen, die das Kopftuch tragen, den Zugang zu Bildung und/oder Lehrberuf versperrt, verhindert, daß gerade sie eine Schul- und Universitätsausbildung erhalten bzw. selbst Lehrende und Forschende werden können. Und welche Chance zur freien Entwicklung einer eigenen Meinung ist größer als die der Bildung und der Diskussion? Sollen sie alle zurückgedrängt werden in jene Familien, Moscheen und Koranschulen, von denen ja der schädliche Einfluß ausgehen soll? Sollen sie dort deshalb ein (unterstelltes) Maximum an Unmündigkeit und Indoktrinierung erfahren, weil sie nur über das Minimum schulischer Bildung verfügen?

Und noch eine Umkehrung: Trägt eine Frau im islamischen Umfeld das Kopftuch, wird sie dort geachtet, respektiert. Keiner wagt es, ihr zu nahe zu treten. Sie ist eine ehrbare Schwester im Glauben. Sich als Frau Wissen anzueignen, dies läßt sich schon aus dem Koran rechtfertigen: „... und darum fürchtet Allah von seinen Knechten nur die Wissenden“ (Sure 35:28). Nach der *Sunna* (Worte und Taten des Propheten) sagte Mohammed: „Das Streben nach Wissen ist eine Pflicht für jeden Muslim, Mann oder Frau“, und: „Sucht nach Wissen, von der Wiege bis zum Grab.“

Gewiß, Frauen werden in islamischen Ländern diskriminiert. Aber nicht nur. Im Jemen beispielsweise sind von fast allen Frauen in der Öffentlichkeit nur Hände und Augen zu sehen. Aber die Frauen können studieren, alle Berufe ausüben, sie haben aktives und passives Wahlrecht. Ihre Verschleierung garantiert ihnen geradezu, daß sie ihren beruflichen und privaten Interessen ungestört nachgehen können. Vergleichbar ist die Situation im Iran. In Marokko wurde in den letzten Jahren sehr viel für Frauenrechte getan. In Tunesien ist die Gleichstellung von Mann und Frau seit 1956/57 Gesetz, die Polygamie verboten; sogar die Abtreibung ist seither in den ersten drei Monaten erlaubt. Mehr Frauen als Männer studieren, Taxifahrerin oder Pilotin ist kein seltener Beruf. Dennoch ist in der Hauptstadt Tunis nach Jahrzehnten eine Rückkehr zum Kopftuch zu beobachten.

Gleichwohl, es gibt andere Beispiele zur Situation der Frau in islamischen Ländern. Wie sieht das eine Frau aus dem Iran? Die persische Juristin Shirin Ebadi sagte in ihrer Dankesrede zur Friedensnobelpreisverleihung am 10. Dezember 2003 in Oslo: „Das Elend der Frauendiskriminierung in islamischen Staaten, sei es nun im Zivilrecht oder hinsichtlich sozialer, politischer und kultureller Gerechtigkeit, hat seine Wurzeln nicht im Islam, sondern in der patriarchalischen und männerdominierten Kultur, die in diesen Gesellschaften vorherrscht." Und in einem Zeitungsinterview bekräftigte die Kämpferin für Frauenrechte: „Ich kann bloß sagen: Zwischen Islam und Menschenrechten, die untrennbar mit Demokratie verbunden sind, besteht kein Widerspruch."

Im Jahr 1994 sandte der Bildungsminister des laizistischen Frankreich, François Bayrou, im Auftrag der Regierung zwei Damen aus, sie möchten mit jungen, muslimischen Kopftuchträgerinnen sprechen, um herauszufinden, was es denn mit diesem Bekleidungsstück auf sich habe. Eine Regierungsvertreterin berichtete laut der Presseagentur AFP das Ergebnis: „Paradoxerweise geht es bei diesem Phänomen um Emanzipation. Mit dem Kopftuch fühlen sie sich befreit. Indem sie sich der Autorität Gottes unterstellen, fühlen sie sich von der Autorität ihrer Väter und Brüder befreit (...) Eine junge Frau erzählte mir sogar, daß sie zu Debatten und Konferenzen gehe, seit sie das Kopftuch trage."

Gar nicht selten sind die Berichte von Muslimas, die sich für das Kopftuch entscheiden und es gegen den Willen ihres Ehemannes oder Vaters durchsetzen müssen, befürchet dieser doch, in der Öffentlichkeit als jemand dazustehen, der seine Frau oder Tochter unterdrückt bzw. sie zum Tragen des Kopftuches zwingt. Auch sind Fälle bekannt, in denen türkische Ehemänner ihren Frauen das Tragen des Kopftuches verbieten.

Und vielleicht stehen damit die jungen Kopftuchträgerinnen wieder auf Seiten ihres Propheten. Die taz-Redakteurin Heide Oestreich schreibt in ihrem umfassenden Buch „Der Kopftuchstreit" (2004), dem der Autor viel verdankt: „Mohammed hat, das bestreiten auch konservative Kommentatoren nicht, ausnehmend emanzipierte Damen als Partnerinnen gewählt: Seine erste Gattin, Khadidja, war seine Chefin: eine zwanzig Jahre ältere Unternehmerin, Mohammed war ihr Angestellter. Zwei weitere seiner zahlreichen Gattinnen, gaben ihm laut und öffentlich Kontra: Umm Salma und Aisha, die jüngste" (S. 13).

Die marokkanische Soziologin und Schriftstellerin Fatema Mernissi erzählte 1993: „Für mein Buch ‚Der politische Harem' habe ich die religiösen Quellen selbst untersucht. Und ich habe geradezu einen feministischen Propheten gefunden und aus dem Dunkel der Vergangenheit in Erinnerung gebracht."

Das muß nicht der Tatsache widersprechen, daß Frauen im Islam anders als Männer behandelt werden. Auch in Deutschland ist es noch nicht so lange her, daß der Geschlechtsunterschied ein Kriterium für bestimmte Konventionen des Verhaltens war. Dabei kann es immer zu Ungerechtigkeiten kommen, und zu denen kommmt es auch im Leben der Muslime. Aber wenn die Gerechtigkeit hier so betont wird, sollte die Frage nach der Gerechtigkeit im Umgang mit dem Islam gestellt werden dürfen. Bei der Frage nach der Ungleichbehandlung der Frau im Islam ist es durchaus hilfreich, sich zu vergegenwärtigen, daß diese Frage anderen Religionen gegenüber in Deutschland zwar auch gestellt wird, aber niemals in der Vehemenz, daß man auf die Idee gekommen wäre, Bekleidungsverbote auszusprechen. Würde eine Inderin im Sari unterrichten, einem Bekleidungsstück, das erheblich markanter ist als ein Kopftuch, dann würde dies als freundliche Exotik begrüßt werden.

Irmgard Pinn und Marlies Werner haben 1995 in ihrem Buch „EuroPhantasien. Die islamische Frau aus westlicher Sicht" darauf hingewiesen, daß es eine Spezialität des Rassismus ist, seine Opfer mittels der eigenen ästhetischen Maßstäbe herabzuwürdigen. Ein derartiger Maßstab westlicher Kulturen ist beispielsweise, daß Frauen in ihrem öffentlichen Auftreten mehr oder weniger der Kategorie „sexy" zu entsprechen haben. Zugeständnisse werden höchstens Frauen gemacht, die allgemeinen Vorstellungen von Attraktivität ohnehin nicht entsprechen. Für westliche Augen absichtlich unattraktiv gekleidete Frauen müssen daher geradezu altmodisch, verklemmt und unterdrückt sein.

Sollte beim Anblick der Sari-Lehrerin tatsächlich jemand an all die unschönen Dinge denken, die im Namen der Tradition (Witwenverbrennung!), der Religion (Kastenwesen!) und der Nation (Hindu-Nationalismus!) in Indien passieren, würde er sich höchstens Sorgen um die arme Exotin machen. Von vorneherein würde man davon ausgehen, daß die zugewanderte Sari-Trägerin alle diese Dinge ganz schrecklich finden muß, daß sie vielleicht sogar vor ihnen hierher geflohen ist, und daß das an ihrer Herkunft Bedeutsame nichts anderes ist als die spirituelle Power von Sadhus hinter Räucherstäbchen, kamasutrastrotzende Sexualität, ayurvedische Gesundheitstips und Yoga. Das Einzige, was ihr der Durchschnittsdeutsche vorwerfen dürfte, ist das rituelle Bad im schmutzigen Ganges.

Dasselbe, wenn auch etwas unterkühlter und zweischneidiger, trifft auf Anhänger unserer eigenen Religion, dem Christentum, zu. Man geht selbstverständlich davon aus, daß jeder einigermaßen akzeptable Christ die gesamte Pallette bekannter Vorwürfe und Vorurteile demütigst abnickt. Ist er irgendwie intensiver involviert, hat er gefälligst den Rebellen zu spielen und ein wenig auf den Papst zu schimpfen. Entpuppt er sich da in irgendeinem Punkt als resistent, erntet er angewidertes Kopfschütteln. Als Theologin beispielsweise hat man sich daran zu stören, daß Frauen nicht Priester werden dürfen, als Theologe hat man die Aufhebung des Zölibates zu erhoffen. Daß es erst ein halbes Jahrhundert her ist, daß die römisch-katholische Kirche ganz selbstverständlich von der Unterordnung der Frau in der Ehe sprach und sich dabei nicht nur auf die Heilige Schrift (Gen 3,16; Eph 5,22–24; Kol 3,18; 1 Tim 2,11–15; 1 Petr 3,1–2), sondern auch auf die Enzyklika *Casti connubii* Papst Pius' XI. von 1930 berufen konnte, würden die meisten Deutschen gar nicht für möglich halten, so sehr ist ihnen eingetrichtert worden, solche Lehren einzig dem „Mittelalter" zuzuordnen. Daß bis 1957 im Bürgerlichen Gesetzbuch (BGB) noch der § 1354 stand, in dem es hieß: „Dem Manne steht die Entscheidung in allen das gemeinsame eheliche Leben betreffenden Angelegenheiten zu", mag zwar schon damals seine Geltung verloren haben, zeigt aber, wie jung das ist, was uns als selbstverständlich gilt.

Desto selbstverständlicher sollte es sein, Frauen des Islams nicht wegen (unterstellter) Ansichten auszugrenzen, die für unsere Großeltern noch normal waren. Wer gesehen hat, wie ein Fellache in Ägypten mit einem Zugtier pflügt, der wird diese Methode vielleicht als veraltet bedauern, aber er wird nicht auf die Idee kommen, sie mit den Maßstäben der hochtechnisierten Landwirtschaft Mitteleuropas heute zu messen. Warum wird dann eine Religion, die unsere Form der Aufklärung und Moderne nie durchgemacht hat, an unseren Maßstäben gemessen? Und warum werden Frauen aus dieser Religion, deren „veraltete Ansichten" man ja auch mit einem müden Lächeln beiseite wischen könnte, mit derartiger Verve ausgegrenzt?

Barbara Vinken hat darauf eine interessante Antwort gegeben. Die Romanistik-Professorin schrieb 2003 in der Wochenzeitung „Die Zeit": „Die islamische Frau hält der westlichen den Spiegel ihrer Vergangenheit vor, scheint es. Der Konflikt, der in dieser Konfrontation beschlossen liegt, ist mit Geschichte beladen, von Verleugnung und Verdrängung unterfüttert." Wie grundlegend die sexuell aufgeschlossene, selbstbestimmte und selbstbewußte Frau für den modernen Staat sei, „mag die Unbarmherzigkeit zeigen, in der Reformation und Revolution mit den Nonnen umgegangen sind, die sich mit verhülltem Körper und Kopf der Moderne nicht fügten. Denn der Staat hatte, besonders in seinen republikanischen oder protestantischen

Ausprägungen, seine liebe Not mit religiösen Frauen und verhüllten Körpern. Er hatte Schwierigkeiten mit der weiblichen Scham, die sofort als ungesunde Prüderie verschrien war. Und um diese Verlegenheit ihrerseits zu verschleiern, unterstellte die moderne Welt grundsätzlich allem, was derart unemanzipiert daherkam, nicht selbstbesimmt, sondern fremdbestimmt und sexuell unterworfen oder beschnitten zu sein."

Steht vom Kopftuch nichts im Koran?

Von einem Kopftuch oder Schleier stehe nichts im Koran. Das dafür gebräuchliche Wort hidschab *bezeichne einen Vorhang. Die Bekleidungsanweisung, sich etwas über den Kopf zu ziehen, werde lediglich an die Frauen des Propheten gerichtet. Die anderen sollten nur ihren Ausschnitt bedecken.*

Diese Behauptung liest man immer einmal wieder, kurioserweise auch in einer „Christen und Muslime in Deutschland" betitelten „Arbeitshilfe", 2003 herausgegeben vom Sekretariat der Deutschen Bischofskonferenz: „Der Koran enthält keine Vorschriften, aus denen sich eine allgemeine Verpflichtung von Frauen zum Schleier- oder Kopftuchtragen schlüssig begründen ließe." Dies halten die ungenannten Autoren für „objektiv", gestehen gnädigerweise aber zu, daß „im freiheitlichen Rechtsstaat die Gewissensentscheidung von Musliminnen respektiert werden" müsse, die der Überzeugung seien, „daß ihnen ihre Religion eine solche Pflicht auferlege". Es wird die Frage erlaubt sein, was denn die Deutsche Bischofskonferenz dazu sagen würde, käme etwa eine Institution in der Türkei auf die Idee, katholische Selbstverständlichkeiten so zu behandeln: Dies und das lasse sich „objektiv" aus der Bibel nicht herleiten. Durchaus prominente Autoren wie Hans Küng oder Eugen Drewermann sähen das nicht anders usw. Die Frage ist nur, ob dann auch der Satz käme: Im kemalistischen Laizismus seien die Gewissensentscheidungen von Katholiken zu respektieren ...

Eigentlich geht es die Mitglieder einer Religion oder Weltanschauung nämlich nichts an, was die Mitglieder einer anderen Religion oder Weltanschauung für verbindlich halten und wie sie das begründen. Es ist im Interesse gegenseitigen Verstehens gewiß sinnvoll, sich damit zu beschäftigen – dazu dient auch dieses Buch –, sich aber hinzustellen und die Traditionen anderer für schlecht begründet, unbegründet oder gar falsch zu erklären, das gehört sich nicht. Und wenn man aber doch den Eindruck hat? – Vielleicht liegt es an den eigenen Voraussetzungen, daß die unbekannte Sprache, die fremde Denkweise, die andere Glaubenswelt nicht optimal aufgefaßt werden können. Schließlich berichten selbst Menschen, die zehn Jahre in Ägypten oder Japan gelebt haben, daß ein Rest wirklicher Fremdheit, wirklichen Nicht-Verstehens, wirklicher Nicht-Durchdringung blieb. Es ist besser, dann innezuhalten und sich in respektvoller Weise einmal damit abzufinden, als nun nach Außenseitern und Dissidenten zu suchen, die einem bestätigen, daß ihre Herkunftskultur nicht ganz auf der Höhe sei.

Selbstverständlich gibt es unterschiedliche Lesarten des Korans, unterschiedliche Interpretationen ein und desselben Textes, unterschiedliche Auslegungen für das Leben in der Welt von heute. Keine Religion kann in absolutem Stillstand jedes Detail hunderte, tausende von Jahren bewahren und befolgen, jede Diskussion verbieten und sich jeder noch so kleinen Änderung verschließen. Jeder Religion geht es um die Wahrheit, um die Befolgung des Willens Gottes. Sie wird deshalb ihr Gottesverhältnis allenfalls in Nuancen ändern, wird bestimmte Aspekte einmal mehr, einmal weniger hervorheben, sie wird neue Gedankensysteme und aktuelle Ausdrucksweisen hervorbingen, um der ewigen Wahrheit, die sie glaubt, gerecht zu werden. Aber diese Wahrheit, dieses Gottesverhältnis wird sich nicht wesentlich ändern – es sei denn durch einen Eingriff „von oben". Andererseits ist jede Religion unter bestimmten Umständen entstanden. Ihr Gründer und seine ersten Anhänger haben den Glauben in einer bestimmten historischen Situation gelebt und für Menschen einer bestimmten Zeit zum Ausdruck gebracht. Hier geht es um die Lebenspraxis, um das Miteinander, um Formulierungen.

Bestimmte, selbstgestellte (!) Fragen werden auch Muslime hinsichtlich der weiblichen Bekleidung immer wieder zu beantworten versuchen. Aber sie werden sich die Antworten nicht von Andersgläubigen vorschreiben lassen. Dazu haben sie keine Veranlassung und wir kein Recht.

Dürfen sich Männer im Islam kleiden, wie sie wollen?

Während Frauen ihr Haar und den Großteil ihrer Haut bedecken müßten, dürften Männer herumlaufen, wie sie wollen. Die Vermeidung unerwünschter Beziehungen falle allein zu Lasten der Frauen.

Im Islam gibt es für beide Geschlechter Bekleidungsvorschriften. Für die Männer gilt die Bedeckung des Körpers vom Nabel bis zu den Knien. (Dies entspricht der Vorschrift für Frauen, wenn sie unter sich sind.) Dieser Körperbereich soll nicht eng, sondern großzügig bedeckt werden. Deshalb wird etwa in Ägypten die *Galabea* getragen, ein langes, hemdartiges Gewand, einem Kaftan vergleichbar. Aus älteren türkischen Darstellungen kennt man die Pluderhose. Vom Bund bis zu den Hosenbeinen auffällig weit geschnittene Hosen sieht man auch bei hier lebenden Muslimen gelegentlich. Diese Bekleidungsvorschrift fällt eben nicht besonders auf, weil sie sich mit hiesigen Gepflogenheiten relativ leicht vereinbaren läßt. Schwieriger wird schon die geeignete Badebekleidung ... Außerdem sollen Männer nach Weisung des Propheten keine Seide, keinen Brokat und kein Gold tragen: „Kleidet euch nicht in Seide. Wer Seide im Diesseits trägt, wird sie im Jenseits nicht tragen" (so die Sunna). Fremde Kleidungsstile sollen sie nicht imitieren. Iraner tragen deshalb Stehkrägen und keine Krawatten, weil diese der typischen Kleidung des Westlers entsprechen. Allerdings trug der Prophet selbst Kleidung aus Persien und dem Jemen, jedenfalls keine arabische Kleidung. Auch ein gepflegter Vollbart gehört sich für den Muslim (in Frankreich übrigens gibt es deshalb Bestrebungen, selbst das Tragen einen solchen „Islamisten-Bartes“ zu verbieten), um sich in die Tradition großer Vorbilder, der Propheten zu stellen. Glattrasiert waren von den Zeiten der Propheten an immer „die anderen“: die Ägypter, Römer und Griechen, heute die Amerikaner, Europäer, nichtmuslimischen Asiaten und Afrikaner.

An der Dezenz zwischen den Geschlechtern soll der Mann teilhaben, indem er seine Glaubenschwestern nicht anstarrt: Auch Männer sollen ihre Blicke zu Boden schlagen und ihre Keuschheit wahren, denn „das ist reiner für sie“ (Sure 24:31). „Nur der erste Blick ist deiner“, heißt es. Dann soll der Mann wegsehen. Strenge Schiiten geben auch Frauen nicht die Hand – nicht aus Unhöflichkeit, sondern aus Schamgefühl.

Selbstverständlich wäre vieles davon oder auch all das nicht nötig, wenn alle Männer sich immer anständig benehmen würden. Bei der Pilgerfahrt nach Mekka, der *hadsch,* tragen alle weiße Gewänder und die Frauen ihr Haar offen. Der Sinn der Pilger ist darauf gerichtet, Allahs Vergebung und Wohlgefallen zu erlangen. Aber das ist nicht der Alltag. Im normalen Leben macht eben mancher „die Lust zu seinem Gott“ (Sure 45:24).

Man kann wohl davon ausgehen, daß diese Tatsache im Arabien Mohammeds zu manchem Streit geführt hat, zu Eifersucht, zur Verfeindung von Sippen oder Stämmen, zur Blutrache. Deshalb dienen die Bekleidungsvorschriften zur Vermeidung von *al-Fitna,* von Unruhe, Aufruhr,

Ärger. Wer schon einmal im Orient war und seine Hotelanlage verlassen hat, der weiß, daß es dort nicht nur heiß ist, sondern daß es dort auch eine gewisse Hitzköpfigkeit gibt, in der aus einem aufgeregten Wortwechsel gar nicht selten ein handfester Streit entstehen kann.

Werden Frauen auf ihre Sexualität reduziert?

Die Argumentation lautet so: Wenn die Frau fast ihren ganzen Körper aus Schamgründen verhüllen muß, dann wird sie nahezu vollständig sexualisiert. Chahdortt Djavann behauptete 2004 in der Zeitschrift „Focus" zum Beispiel, mit dem Kopftuch werde die Frau auf ihre sexuelle Rolle reduziert. Ralph Ghabdan versucht die Sexualisierung der Frau im Islam aus der Sunna herzuleiten, und zwar mit dem Begriff der Aurah. *Das Wort wird im Koran für das* Pudendum *benutzt, also den Schambereich. Es kann auch Schwachpunkt heißen, „Mangel an Schutz des eigenen Hauses oder der Privatsphäre". Die Frau, so liest es Ghabdan in islamischen Texten, sei eine* Aurah, *der Mann habe eine* Aurah. *Die Frau werde damit identifiziert und als Verführerin verteufelt.*

Auf den ersten Blick klingt diese Argumentation einleuchtend. Das hängt allerdings von unausgesprochenen Voraussetzungen ab, die alles andere als zwingend sind, sowie von einer suggestiven Wortwahl, die manipulativ ist.

Zunächst einmal ist die Frau nicht einfach ihr Körper. Wenn etwas „sexualisiert" wird, dann ist es der weibliche Körper, also seine oberflächlichen Reize. Haare, Haut, Figur, verschiedene Körperregionen sind aber nun einmal reizvoll. Würde die westliche Kultur ausschließlich Brüste und Venushügel reizvoll finden, dann würden entsprechende Darstellungen stimulierender Absicht nur diese Körperteile zeigen. Wären umgekehrt Frauen im Bikini nicht sexy und angezogene Frauen nicht erotisch attraktiv, hätte nur das mit Verführung, Partnerwahl und Erotik zu tun, was zum Schambereich gehört. Wir müssen also für die Übersetzung der Aurah einen weiteren Begriff als den des westlichen Schambereichs verwenden oder uns ein anderes, erweitertes Schamgefühl vorstellen.

Auch bei uns begann die Entblößung des weiblichen Beins erst Anfang des 20. Jahrhunderts und das Ablegen der Kopftücher auf dem Lande bzw. der Hüte in der Stadt erst vor fünfzig Jahren. Diese Bekleidungsnormen waren nicht Bestandteil der christlichen Religion, aber sie zu verletzen galt als ungehörig, als unanständig oder schamlos, und solches Treiben war nicht im Sinne der christlichen Moral.

Vor diesem Hintergrund wird ersichtlich, daß eine versachlichte Darstellung der eingangs gezeigten Argumentation etwa so ausfallen müßte: „Aus Gründen eines bei uns so nicht mehr vorhandenen Gefühls für Scham und Anstand verhüllen im Islam die Frauen ihren Körper weitgehend. Den zu verhüllenden Bereich nennen sie Aurah. Nur wenn dieser Bereich bedeckt ist, sehen sie ihn als geschützten Teil ihrer Privat- und Intimsphäre an und fühlen sich wohl."

Bleibt noch die Verteufelung der Frau als Verführerin. Selbstverständlich ist in einer männlich dominierten Kultur (nahezu alle Kulturen sind männlich dominiert, auch die westliche ist es letztlich noch) die erotische Anziehungskraft von Frauen, kultiviert mittels eines Arsenals von Verführungstechniken, den sogenannten „Waffen der Frau", ein Kontrapunkt zur Struktur des institutionalisierten Machtgefüges. Alle schön ausgedachten Schlachtpläne können scheitern, wenn der Feldherr im Liebesrausch nicht aus dem Bett kommt. Das ist aus männlicher Sicht gefährlich. Denn hier hilft physische oder militärische Überlegenheit so wenig wie Hierarchien und Befehlsstrukturen. Warnungen vor diesem Widerpart männlicher Dominanz gehören von der Bibel bis zum Hollywood-Kino zum westlichen Standardrepertoire.

Vor der Folie unserer eigenen Kultur wird der Vorwurf der totalen Sexualisierung des weiblichen Körpers vollends absurd: Welches Mittel wird am meisten eingesetzt, um ein Produkt zu verkaufen? – Die Attraktivität der Frau. Wie bedient sich die Werbung visuell dieses Mittels? – Durch die aufreizende Darstellung des weiblichen Körpers. Was also *ist* medial der weibliche Körper? – Ein Sexualobjekt, verzweckt zur Manipulation potentieller Konsumenten und Käufer, das Schmieröl des Kapitalismus. Noch Fragen?

Werden Frauen ihrer Sexualität beraubt?

Indem Frauen ihre Reize nicht offen zeigen sollen, mache man sie zu geschlechtslosen Wesen. Ein Verrat an Schönheit und Lust! So paradox der Vorwurf im Verhältnis zum Vorherigen klingt – er steht selbstverständlich im Raum, wenn Frauen Verhüllungen wählen, um in der Öffentlichkeit eben nicht als *sexuelle Objekte zu erscheinen. Chahdortt Djavann (im selben Atemzug mit ihrem obengenannten Vorwurf!): „Als stünde auf ihrer Stirn geschrieben: F*** verboten!“*

Unvoreingenommenerweise fragt man sich natürlich schon, was daran so schlimm ist, wenn eine Frau ein solches Verbot erläßt ... Anfang des 19. Jahrhundert löste die Ballerina Marie Taglioni einen Skandal aus, weil sie in der Pariser Oper mit einem langen Rock auftrat, dessen Saum einen Zentimeter zu kurz war. Warum konnte der Klang der Schallplatte von 1910 noch erotische Assoziationen hervorrufen mit dem Lied: „Ich hab' dein Knie gesehn, das durfte nie geschehn ...“? Warum bedurfte es 1960 dann schon des Minirocks, um einen Skandal hervorzurufen? Und warum gibt es um die Jahrtausendwende Aufregung schon um die Sicht auf den (gepiercten) Nabel von Schülerinnen? – Vielleicht, weil unsere Gesellschaft vom hochgeschlossenen 19. Jahrhundert bis zum „aufgeschlossenen“ 21. Jahrhundert ihre Spielräume ausdehnen konnte, ausdehnte und immer mehr ausdehnen will. Es ist eine jugendvernarrte Gesellschaft, ja mehr und mehr eine infantile Gesellschaft. Seit den 68ern hat sie die Bürgerlichkeit zum langsamen Tod durch Ignorieren verurteilt, was bis heute als Befreiung gefeiert wird. Auf T-Shirts halbwüchsiger Mädchen steht „Nimm mich!“ oder „Don't touch me!“ Auch manche westlichen Eltern sähen wohl gerne den von Chahdortt Djavann imaginierten Schriftzug auf den Häuptern ihrer Töchter. Die bauchfreie Mädchenmode hat bereits zu schulischen Kleiderordnungen und Diskussionen über Schuluniformen geführt.

Kinder und Jugendliche testen eben von 2 bis 22 Freiräume aus, heute adoleszenzverlängert bis 32. So lange niemand Stop sagt, hören sie nicht auf, weil sie nicht am Ziel sind. Denn ihr Ziel ist eine Grenze, ist die Erfahrung des Echten, der Realität. Weil Eltern, Religion, Gesellschaft und Staat keinen Widerstand leisten, suchen sie ihn in der Physik, in der Biologie, in der Chemie. Sie stürzen sich an einem Gummiseil in die Tiefe, sie durchbohren ihre Haut, sie verfärben ihre Haare, sie berauschen ihr Gehirn. Eine bei aller zur Schau gestellten Coolness verzweifelte Suche nach Widerstand, nach Grenze, nach Hülle, nach Identität.

Aber es ist auch ein anderer Weg möglich, der der Konzentration, der der Vertiefung: „In streng muslimischen Ländern, wo die Frauen ihren ganzen Körper in Tücher hüllen und nur die Augen unbedeckt lassen, werden die Augen zum Gesicht. Guy de Maupassant meinte, daß Europäer ‚oft eine Zuneigung zu diesen trägen und eingewickelten Geschöpfen entwickeln, von denen man nur die Augen sehen kann'. Darwin sah in Peru Frauen, deren Schleier ein Auge freiließ und fand, daß dieses eine Auge ungeheuer ausdrucksvoll sei. Vor nicht allzu langer Zeit sah der Reisende William Langewiesche unter einem Gesichtsschleier ein weibliches Auge aufblitzen, daß ihn, wie er sagt, ‚nicht mehr zu sehen verlangte" (David McNeill, Das Gesicht, 2001, S. 274). Die großen Poeten des Orients, Hafis und Nezami, besangen die Schönheit der weiblichen Braue in immer neuen und kühneren Bildern. Ein winziger Haarstreifen über dem Tor zur Seele inspirierte zu einer Kultur verführerischer Phantasie!

Nicht viel von einem weiblichen Gegenüber zu sehen, aber sich, im Falle der Brautschau, nötigenfalls nur aus der Silhouette sowie Erzählungen ihrer Brüder und Cousins, ein Bild zusammenzufügen, das ist eine orientalische Kunst, erzählte Rosy Abdo 2004 der Zeitschrift „Vogue". Sie moderiert „Zeena", die wöchentliche Modesendung von „Al Dschasira", dem arabischen Fernsehsender aus dem Emirat Qatar am Persischen Golf. Sie bestätigt den Eindruck, daß sich wie in der traditionellen Architektur die Schönheit hinter schlichten Fassaden verbirgt: „Von außen wirkt vieles gleich und fast unzugänglich, doch wenn Sie eintreten, in ein Haus, in einen Hof oder Garten, entdecken Sie ein opulentes Paradies." Die Frauen, die es sich leisten können, tragen in ihrem privaten Reich Luxusmarken, „je kostbarer und aufwendiger, desto besser. Der Wunsch, sich hochmodisch, elegant und feminin zu stylen, ist viel ausgeprägter als in Europa." Während im Okzident Mode ein Stück Öffentlichkeit ist, ist sie im Orient der Glanz des Privatlebens – vor dem eigenen Mann und in der Welt der Frauen. Rosy Abdo: „Je konservativer Staat oder Familie sind, desto stärker trennen sich die Wege der Geschlechter in der Gesellschaft. Frauen schmücken sich dann, um vor ihresgleichen ihren sozialen Status zu dokumentieren. Dazu gehören nicht nur Luxusmode und professionelles Make-up, sondern auch Juwelen von unfaßlichem Wert."

Von solchen Träumen aus Tausendundeiner Nacht zurück nach Deutschland. Überzeugte Kopftuchträgerinnen meinen nämlich keinewegs, es sei für sie am besten, unter möglichst viel Stoff zu verschwinden, sie gehen eher davon aus, daß sie ihre starke weibliche Ausstrahlung verbergen müßten. Nach dem Motto: Als ernsthafte Muslima, die ihre Sexualität gegenüber Gott verantwortlich lebt, verberge ich einen Teil meines natürlichen, starken Sex-Appeals.

Der Schleier (auch Zeichen der Heiratsfähigkeit), schrieb bereits 1969 Frantz Fanon, lasse die junge Algerierin gerade ihren Körper entdecken: „Der Schleier bedeckt den Körper, diszipliniert und mäßigt ihn gerade in dem Augenblick, da er die Phase seiner größten Erregbarkeit durchmacht. Der Schleier schützt, beruhigt, sondert ab." Er hat eine enorme „Bedeutung für das körperliche Erleben der Frau".

Wie wir etwas über den Islam erfahren

Wie sieht denn nun eigentlich der Islam die Frau? Und warum soll die Frau im Islam ein Kopftuch tragen? Sehr viele Menschen in Deutschland wissen zum Islam vermutlich einige Stichworte, darunter drakonische Strafen wie das berüchtigte Handabhacken oder die Steinigung. Es ist nun relativ leicht, irgendwelche Moslems damit zu konfrontieren und gewaltig in Verlegenheit zu bringen. Die feministische Zeitschrift „Emma" mit ihrer islamfeindlichen Herausgeberin Alice Schwarzer hat das 2003 mit ein paar Lehrerinnen gemacht. Das Spielchen funktioniert: Die Frauen sagen gar nichts oder sie sagen, man müsse das irgendwie verstehen. Emma triumphiert: Da sieht man es, so sind sie, und so was soll Kinder unterrichten! Die Methode der Entlarvung ist üblich in einer gewissen Form des Journalismus. Ob nun eine hübsche Journalistin irgendeinen Politiker so lange mit ihren rehbraunen Augen anschaut und mit ihrer weichen Stimme in ihn dringt, bis er etwas sagt, was er im Fernsehen nie sagen wollte, oder ob ein raffinierter Talkmaster irgendeine Prominente so lange mit moralischer Gewißheit und unverschämter Selbstsicherheit provoziert, bis sie sagt, was sie besser nie gesagt hätte – blamiert sind sie alle. Nur Spitzenprofis von der Liga der Staatsoberhäupter und Kardinäle an aufwärts, die „mit allen Wassern gewaschen sind", gelten als „nicht knackbar". Extrem leicht ist es hingegen, medienunerfahrene Menschen vorzuführen. Man muß nur einen Schwachpunkt erahnen oder wissen, und schon hat man die Spötter und Schreihälse auf seiner Seite. (Die meisten katholischen Religionslehrer brächte vermutlich die Frage nach ihrer Meinung zur Homosexualität in eine ähnliche Zwickmühle. Doch würde wiederum eine Mehrheit sich in ihrer Antwort eher der Gesellschaft denn der Kirche anpassen. Ein gläubiger Moslem fragt sich aber: „Inwieweit dürfen Muslims Allahs Gesetze ändern, ohne dadurch Abtrünnige zu werden?“ Und sucht nach einem gedanklichen Weg, alles zu verteidigen, von dem er meint, daß es zu seiner Religion gehört ...) Der Schwachpunkt einer anderen Kultur, einer anderen Religion ist immer die Andersartigkeit, die wir als bedrohlich oder lächerlich, nicht als touristisch interessant oder exotisch faszinierend wahrnehmen. Aber medientauglich ist nur, wofür es einen ebenso aktuellen wie politisch korrekten Bezugspunkt gibt. Wer fragt schon den Dalai Lama nach den dunklen Seiten seiner Religion (die es gibt)? Und wer entlarvt amerikanische Touristen als Befürworter von Folter, Todesstrafe und Angriffskrieg? Dafür sind seit dem 11. September 2001 die Muslime zum medialen Abschuß freigegeben. Eine Befragung mit dem Ziel der Entlarvung als „mittelalterliche“ Fremdkörper der Gesellschaft ist nicht schwer, weil diese Religion archaische Elemente enthält und ihre Anhänger ihre Religion nicht zu kritisieren pflegen. Aber Entlarvungsstrategien führen auch zu keinen anderen Ergebnissen als der Bestätigung eigener Vorurteile. Wir werden uns hier nicht mit Scharia-Strafen beschäftigen, weil diese nicht frauenspezifisch sind. Wir werden uns auch nicht mit dem Thema Beschneidung beschäftigen, weil der Islam nun wirklich keine Beschneidung von Mädchen fordert, schon gar keine vollständige und gewaltsame.

Unsere Darstellung wird sich am Selbstverständnis von gläubigen Menschen muslimischen Bekenntnisses orientieren. Wir haben keinen Anlaß zu behaupten, dieses Selbstverständnis sei mehr geschönt als das von gläubigen Menschen protestantischen oder katholischen Bekenntnisses. Wenn wir etwas betrachten, dann fließt unsere Absicht immer in die Weise der Betrachtung mit ein. Dadurch wird auch das Ergebnis vorgeprägt. Schon Aristoteles und der hl. Thomas von Aquin wußten: „Was auch immer erkannt wird, wird auf die Weise des Erkennenden erkannt." Wenn jemand beispielsweise die Absicht hat, anhand des Kopftuchtragens die islamische Frauenfeindlichkeit zu demonstrieren, so wird ihm dies unter Zuhilfenahme entsprechender Literatur auch gelingen. Er wird sich aus den Schriften des Islams, die in weit über tausend Jahren entstanden sind, und aus dem Leben der gegenwärtig einen Milliarde Muslime zwischen Westafrika und Indonesien sowie von der tansanischen Küste bis zum Kuibyschewer Stausee alle misogynen Schweinereien herausfiltern, die ihn zum Ziel führen. Wenn er sein Werk für wirklichkeitsnah, vielleicht sogar für wahr hält, dann müßte er konsequenterweise politisch fordern, die Praktizierung einer solchen Religion vollständig zu verbieten und ihre hartnäckigen Anhänger allesamt einzusperren oder auszuweisen. Nicht erst Uta Ranke-Heinemann und Karlheinz Deschner haben aber gezeigt, daß sich solche hundsgemeinen Schaschlik-Spieße aus der christlichen Kultur und Geschichte auch brutzeln lassen, schneidet man nur ungeniert hier ein Sätzlein aus dem Zusammenhang und pflückt da eine Stinkfrucht vom hintersten Baum. Wird der fiese Spieß dann auch noch mit der Soße der vorher bereits zubereiteten Generalverdammung übergossen, dann hat die Imbißbude „Zum Zerrblick“ wieder ganze Arbeit geleistet. Einen Flachmann drauf, daß wir uns nach Genuß dieser wohlfeilen Speise eine Religion trefflich vom Halse zu halten verstehen!

Sowohl Autor als auch Leser lassen sich gerne täuschen, liegt der Erkenntnisgewinn des Schreibwerks auf ihrer vorher gefaßten Linie. Wir sollten also sehr vorsichtig sein mit unseren Urteilen, zumal es sich im Islam um einen uns fremden Kulturkreis handelt, der eine ganz andere Geschichte durchgemacht hat als der westliche. Ebenso vorsichtig sollten wir sein mit der Übernahme von Urteilen aus dem Munde von Menschen, die zwar diesem Kulturkreis entstammen, sich aber nur noch teilweise mit ihm identifizieren. In jedem Fall sollten wir Europäer die Diskussion über ihre Religion unseren ehemaligen Kolonialvölkern selbst überlassen.

Das läßt sich leicht nachvollziehen, wenn wir den Spieß einmal umdrehen. Angenommen, wir befänden uns im Urlaub in einem orientalischen Land und wären eingeladen von einem einheimischen Akademiker. Es kommt zu einer Diskussion über religiöse Toleranz. Wir haben im Reiseführer gelesen, daß es in diesem Land verboten ist, eine christliche Kirche zu bauen. Zu unserem Erstaunen erklärt uns der Gastgeber, seines Wissens sei ein solches Gebäude keineswegs verbindlicher Bestandteil christlicher

Religionsausübung. Wir erwidern bestimmt, dies gehöre zu unserer Religion, und wir müßten das ja wohl wissen. Nun, entgegnet unser – sagen wir türkischer – Gesprächspartner höflich, dann stünde es ja wohl im Glaubensbekenntnis oder der Bibel. Er habe dort aber nichts von Kirchenbau gelesen. Wir verweisen darauf, daß es eine jahrhundertealte Tradition des Kirchenbaus gibt. Und der gewitzte Türke erklärt uns, die Urkirche habe keine eigenen sakralen Kulträume gekannt und die bildliche Darstellung ihrer Glaubensinhalte ebenso abgelehnt wie Orgelspiel und Glockenklang. Und jüngst erst habe ihm ein Professor der Theologie, ein fortschrittlicher freilich, kein stockkonservativer, gesagt, das Christentum müsse seine Quellen einmal kritisch sichten, zu seinen Ursprüngen zurückkehren und kleine, überschaubare Hauskirchen gründen. In die Kirche gehe doch die Mehrheit der Getauften gar nicht mehr regelmäßig. Da käme uns Christen doch, und ein Grinsen umspielt die Worte unseres Gesprächspartners, die Situation in der Türkei geradezu entgegen. Eine Dame unserer Gruppe entgegnet energisch, sie jedenfalls gedenke nicht, auf ihre Pfarrkirche verzichten zu wollen. Und der gebildete Orientale versetzt uns einen letzten Stich: „Wenn die Europäische Union in ihrer Verfassung keinen Gottesbezug braucht, dann übernimmt sie das laizistische Modell Frankreichs und der Türkei. Demnach hat Religion als Privatsache in der Öffentlichkeit nichts verloren. An Schulen und Universitäten werden z. B. Kopftücher bald überall verboten sein. Und die Türkei wird sowieso Mitglied in der EU werden ... Aber das ist ein anderes Thema. Jedenfalls wird es sowohl einen Islam als auch ein Christentum geben, das sich ausschließlich im privaten Bereich abspielt. Öffentlichkeit, das heißt ja auch Politik, ja vielleicht sogar Macht der Religion ist zutiefst mittelalterlich und hat im neuen Europa nichts verloren."

Die Argumentationsweise ähnelt bis in Nuancen hinein der gegen das Kopftuch und seinen Hintergrund in einem mittelalterlichen Glaubenssystem, welches zugunsten eines „Euro-Islam" zu überwinden sei. Der progressive Experte, bei uns beispielsweise der Göttinger Gelehrte Bassam Tibi, kommt ebenso vor wie die Empfehlung, die anderen möchten sich ihres Eigentlichen entsinnen, dann käme es schon nicht zum Zusammenstoß mit einer Welt, in der der Glaube nichts verloren habe. Intuitiv sprechen wir, selbst wenn wir es nicht sagen, der Türkei das Recht ab, dort lebenden Christen Kirchenbau zu verbieten, intuitiv sprechen wir unserem türkischen Gesprächspartner das Recht ab, uns darüber zu belehren, was in unserer Religion wichtig und unwichtig, vorgeschrieben oder verboten, veraltet oder angebracht sein soll, intuitiv sprechen wir irgendeinem Theologieprofessor das Recht ab, die Bestände unserer gemeinsamen Religion nach irgendwelchen Maßstäben (die nicht aus dem christlichen Glaubensgut stammen, sondern anderen Prinzipien gehorchen) stromlinienförmig zurechtzuschnipseln. Und wir gehorchen einem uralten Prinzip, wenn wir dieses Recht auch anderen Gläubigen zugestehen. Sprichwörtlich heißt es: „Was du nicht willst, das man dir tu', das füg auch keinem andern zu!" Das ist die Goldene Regel aus dem Munde Jesu, sie steht in der Bergpredigt (Mt 7,12, Lk 6,31) und schon im Alten Testament (Tob 4,15). Diese Vorgehensweise entspricht auch dem

Zweiten Vatikanischen Konzil, das im Blick auf die Muslime von der „Hochachtung“ der Kirche spricht und dazu auffordert, „sich aufrichtig um gegenseitiges Verstehen zu bemühen“ (Nostra aetate 3).

Wir orientieren uns also in der Frage, warum Muslimas ein Kopftuch tragen, daran,

– was die allgemein anerkannten Quellen dieser Religion schreiben (und nicht nur eine genehme Auswahl),

– wie diese Aussagen vom weitgehenden Konsens der anerkannten Schulen, Gelehrten, Schriften und Autoritäten dieser Religion verstanden werden (und nicht von irgendwelchen uns passenden Außenseitern),

– und auf welche Weise die Gläubigen diese Lehren traditionellerweise praktizieren (und nicht Leute, deren verbliebener Glaubensrest darin besteht, gelegentlich zu sagen: „Ich bin Moslem, aber ...“).

Der Ursprung dieser Methode ist erstens der Respekt vor dem praktisch gelebten Glauben anderer: Ich habe als Christ nicht darüber zu befinden, was ein Moslem eigentlich glauben müßte oder was er eigentlich gar nicht zu tun bräuchte. Zweitens gibt es grundsätzlich Anlaß zur Skepsis hinsichtlich des richtigen Erkennens des anderen (an ihm vorbei oder über ihn hinweg oder besser als er selbst). Und drittens liegt ein Grund im Miteinander-Auskommen: So lange ich keine systematischen, massenhaften und eklatanten Verstöße gegen die Menschenwürde im realexistierenden Islam hierzulande feststelle, so lange nicht beachtliche Mengen von frommen Muslimas öffentlich bekunden, dieses Kopftuch sei nicht Bestandteil ihrer Religion, sondern Instrument und Zeichen ihrer Unterdrückung durch ihre Männer, so lange ist es überflüssig und schädlich, von Prämissen auszugehen, die eigentlich zu dem Schluß führen müßten, diese Religion oder einer ihrer Auswüchse sei per Gesetz generell zu verbieten.

Das Frauenbild des Islams

Vor 1400 Jahren befanden sich die Frauen Arabiens in einem Zustand weitgehender Rechtlosigkeit (sofern von einem Rechtswesen im heutigen Sinne überhaupt gesprochen werden kann), vergleichbar dem Status von Sklaven oder Vieh: Was sie besaßen, war Eigentum ihrer Männer oder Väter, wenngleich sie teilweise ein Mitbestimmungsrecht am gemeinsamen Besitz hatten, ihn beispielsweise verwalteten und von dem Erwirtschafteten auch etwas ausgeben durften. Ihr Brautgeld, die Morgengabe, erhielt die Familie. Mit der Eheschließung waren sie dem jeweiligen Gatten auf Lebenszeit als Besitz zugeschrieben. Der Mann durfte Frauen in unbegrenzter Zahl ehelichen (Mehrehe oder Polygamie). Nur er konnte sich – ohne Unterhaltsverpflichtung – scheiden lassen (oder seine Frau verkaufen oder verspielen), sie dagegen konnte nur in Trennung leben, was ein isoliertes Dasein bedeutete. Im Todesfall des Gatten erbte dessen Sippe – seine Ehefrau gleich mit. Die Verheiratung der Witwe durch die Verwandtschaft war möglich. Die Frauen hatten keine Rechte hinsichtlich ihrer Kinder. Und auch religiös waren sie bedeutungslos.

Die große Orientalistin Annemarie Schimmel schreibt in ihrem Buch „Meine Seele ist eine Frau. Das Weibliche im Islam“ (1995): „Die Stellung der Frau wurde im Koran gegenüber den Zuständen im vorislamischen Arabien deutlich verbessert; sie konnte ihr eingebrachtes oder in der Ehe erworbenes Vermögen selbst behalten und verwalten, konnte auch erben – was früher nicht möglich war. Die Erlaubnis, vier legitime Ehefrauen zu haben (Sura 4:3), wird später als Zugeständnis an die vier Naturen oder Temperamente ausgelegt; doch ist Polygamie längst nicht so weit verbreitet wie man glaubt. Die Anordnung in der genannten Koranstelle, daß die Frauen gerecht zu behandeln sind, hat viele Modernisten dazu geführt, Monogamie als angestrebtes Ideal zu postulieren, denn selbst wenn jede Frau den gleichen Anteil an materiellen Gütern erhält – wie könnte der Mann ihnen allen gleiche Gefühle entgegenbringen?“ (S. 51). Der Koran fordert nämlich die gerechte Behandlung aller Gattinnen oder die Einehe (Sure 4:3), hält aber die gerechte Behandlung aller für unmöglich (Sure 4:129).

„Niemand, nicht einmal der Vater oder Souverän, kann eine erwachsene, geistig zurechnungsfähige Frau ohne ihre Einwilligung rechtmäßig verheiraten, gleich ob sie eine Jungfrau ist oder nicht“, zitiert ein *Hadith* der *Sunna* den Propheten. Laut Koran muß der Ehemann seiner Frau eine Brautgabe, die *mahr,* geben, ohne die die Ehe nicht gültig ist. Sie gehört ihr persönlich. Wenn die Ehefrau sich den Vorschriften entsprechend verhält, hat sie Anspruch auf Wohnung, Nahrung und Kleidung. Die wirtschaftliche Versorgung der Familie ist Pflicht des Mannes, so wie Haushalt und Kindergroßziehen Pflichten der Frau sind. Für Ehestreitigkeiten gibt es familiäre Schiedsrichter

(Sure 4:35), und die Versöhnung zwischen Eheleuten ist ein hohes Ziel. Scheidungen sind nicht gerne gesehen, aber erlaubt, sie sollen in Güte verlaufen, der Mann darf seine Frau nicht mit Gewalt halten (Sure 2:229, 2:231). Mit Verhütungsmitteln, sofern sie nicht abtreibend wirken, hat der Islam übrigens kein Problem, eine kinder- und familienfreundliche Einstellung vorausgesetzt. Man könnte nun immer so fortfahren und die frauenfreundlichen Neuerungen des Koran aufzählen. (Einige davon wurden in Europa erst in der ersten Hälfte des 20. Jahrhunderts geltendes Recht.) Das Ergebnis wäre, daß der Islam Männern und Frauen Rechte und Pflichten zuweist, freilich mit der Dominanz der Männer. Man darf aber nicht alle Regeln, die eine Ungleichheit enthalten, als Diskriminierung der Frau ansehen. Dazu drei Beispiele: Die Frau kann ihre Zustimmung zur Eheschließung auch durch Schweigen bekunden. Das geschieht aus Rücksicht auf Scheu und Scham der Jungfrau, welche als hohe Tugenden angesehen werden. Es bedeutet nicht, daß eine Frau gegen ihren Willen verheiratet werden darf. Ein Muslim darf eine Jüdin oder Christin heiraten, aber eine Muslima nur einen Muslim (Sure 5:5; 60:10). Das kommt von der Verpflichtung des Mannes, die größeren Kinder zu erziehen. Eine Frau könnte nicht verhindern, daß sie zum Beispiel christlich erzogen werden. Diese Bestimmung erinnert an die des katholischen Kirchenrechts, daß in einer konfessionsverschiedenen Ehe der katholische Elternteil verpflichtet ist, die Kinder von einem katholischen Priester taufen zu lassen und sie katholisch zu erziehen. Und im Prinzip wäre manche katholische Mutter sicher froh, wenn es eine derartige dezidiert religiöse Verpflichtung des Vaters hinsichtlich der Kindererziehung gäbe wie im Islam. Ein letztes Beispiel: Daß die Schwester nur die Hälfte dessen erbt, was ihr Bruder erbt (Sure 4:11), erscheint Europäern als grobe Ungerechtigkeit. Aber in Europa ist auch nicht ausschließlich der männliche Erbe verpflichtet, für den Unterhalt der ganzen Familie zu sorgen, während das Vermögen der Frau bis zu einer gewissen Größenordnung ihre Privatsache ist. Man darf bei vielen faktischen Benachteiligungen von Frauen in islamischen Ländern auch nicht vergessen, daß diese Länder (vielfach sog. Entwicklungsländer) nicht mit den Maßstäben europäisch-amerikanischer Selbstverständlichkeiten gemessen werden dürfen, daß viele dort übliche Rechtsvorschriften und Traditionen einfach ethno-kultureller Natur sind, und daß viele Ungerechtigkeiten weniger dem Islam als einer sich dessen bedienenden Eifersuchts- und Macho-Kultur zu verdanken sind.

Freilich herrscht eine geschlechtsbedingte Asymmetrie: „Und den Frauen stehen die gleichen Rechte zu, wie sie (die Männer) über sie haben, in angemessener Weise. Doch die Männer stehen eine Stufe über ihnen" (Sure 2:228). Die am heftigsten diskutierte Stelle ist in diesem Zusammenhang Sure 4:34: „Die Männer stehen über den Frauen, weil Gott sie vor ihnen ausgezeichnet hat, und wegen der Ausgaben, die sie von ihrem Vermögen machen. Und wenn ihr fürchtet, daß die Frauen sich auflehnen, dann ermahnt sie, entfernt euch von ihnen im Ehebett und schlagt sie. Wenn sie euch dann gehorchen, dann unternehmt nichts weiter gegen sie!"

Selbstverständlich werden diese Stellen von der Orthodoxie als Beleg für die Hierarchie der Geschlechter angeführt. Ungehorsam ist der Frau nur gestattet, wenn ihr Mann seinen Verpflichtungen nicht nachkommt. „Die Erlaubnis, die Ehefrau bei fortwährendem Ungehorsam zu züchtigen, wird gemildert durch Prophetenworte, in denen liebevolle Behandlung der Frauen empfohlen wird: ‚Der Beste unter euch ist derjenige, der am besten zu seiner Frau ist'", schreibt Annemarie Schimmel. Auch der Koran selbst scheint ehelicher Gewalt zu widersprechen: „Und unter Seinen Zeichen ist dies, daß Er Gattinnen für euch schuf aus euch selber, auf daß ihr Frieden in ihnen fändet, und Er hat Liebe und Zärtlichkeit zwischen euch gesetzt. Hierin sind wahrlich Zeichen für ein Volk, das nachdenkt" (30:21). Auch die Strafen werden diskutiert: Es gibt Stimmen, die unter Hinweis auf eine Prophetentradition das Schlagen ablehnen. Mohammed schlug nie seine Frauen. In der Sunna steht: „Schlagt nicht die weiblichen Diener Allahs!" Die „Islamische Gemeinschaft Deutschland" (IGD) schreibt auf ihrer Homepage, das Schlagen der Ehefrau sei nur unter so viel Bedingungen erlaubt, daß es eigentlich schon fast wieder verboten sei. Die taz-Redakteurin Heide Oestreich: „Das stimmt. Vor alle körperlichen Strafen hat der Koran jeweils hohe Hürden gelegt. Mit diesen kann man aber auch begründen, daß man solche Strafen gar nicht mehr anwendet" (Der Kopftuchstreit, S. 129).

Einige Interpreten relativieren die in dem Vers 34:4 enthaltene Trennung zur Ungleichbehandlung von Mann und Frau durch Bezug auf andere koranische Aussagen.

So berief man sich auf die Worte „Der beste unter euch ist der frömmste“ (49:13), um die These zu begründen, „daß der Koran eine generelle, auch rechtliche Gleichheit der Geschlechter anstrebt“ (Ralf Elger, Islam, S. 97).

Frau und Mann sind nach dem Koran aus einem einzigen Wesen geschaffen (Sure 4:1), nicht Eva aus der Rippe Adams wie im Alten Testament (Gen 2,23). Mann und Frau auf gleicher Schulterhöhe wie im ersten Schöpfungsbericht der Juden und Christen: „Als Mann und Frau schuf er sie“ (Gen 1,27). Wie in der Bibel, so gibt es auch im Koran die Erzählung vom Sündenfall im Paradies, allerdings mit dem Unterschied, daß Eva nicht von der Schlange verführt wird und dann Adam die verbotene Frucht reicht: „Doch Satan ließ beide straucheln und trieb sie von dort, worin sie waren“ (Sure 2:36). Dies ist insofern bemerkenswert, als die Wurzel der unterstellten christlichen Frauenfeindlichkeit häufig in der Rolle Evas beim Sündenfall gesehen wird. Dieses misogyne Fundament, wenn es denn ein solches ist, bietet der Koran nicht, auch wenn später der Sündenfall zur Begründung für die geschlechtliche Asymmetrie herhalten mußte. Als weitere Urquelle der Frauenfeindlichkeit werden stets asketische Züge des Urchristentums genannt, die unter dem Stichwort „Leibfeindlichkeit“ zusammengefaßt werden. Auch hier bietet der Koran keine Angriffsfläche: „Und unter seinen Zeichen ist dies, daß er Gattinnen/Gatten für euch schuf aus sich selber, auf daß ihr Frieden in ihnen fändet, und Er hat Liebe und Zärtlichkeit zwischen Euch gesetzt. Hierin sind wahrlich Zeichen für ein Volk, das nachdenkt“ (Sure 30:21). Sofern körperliche und finanzielle Voraussetzungen da sind, sind Eheschluß und Familiengründung – wie im Judentum – Pflicht. Die eheliche Gemeinschaft wird in dem schönen Bild beschrieben: „Sie sind euch ein Gewand und ihr seid ihnen ein Gewand“ (Sure 2:187). In traditionellen Familien wird vor der Hochzeitsnacht dieser Koranvers vorgelesen: „Eure Frauen sind euch ein Acker; so nahet eurem Acker, wann und wie ihr wollt, und sendet etwas voraus für euch; und fürchtet Gott und wisset, daß ihr ihm begegnen werdet; und bringe frohe Botschaft den Gläubigen“ (Sure 2:223). Den Ehemännern sagt der Koran: „Und geht gütig mit ihnen um. Wenn ihr eine Abneigung gegen sie empfindet, wer weiß, vielleicht empfindet ihr Abneigung gegen etwas, worein Allah aber viel Gutes gelegt hat“ (Sure 4:19).

Das Familienleben hat eine hohe Bedeutung im Islam, die Eltern, insbesondere die Mütter sind hochgeschätzt (Sure 31:14, 17:23–24). Der Hochschätzung des Familienlebens entspricht die des Gemeinschaftslebens (Sure 6:38), der Gemeinschaft der Muslime, der Umma (Sure 3:103, 3:104, 3:110 u.a.). Von daher ist es verständlich, daß die Autonomie des einzelnen nicht den Stellenwert hat wie im Westen. Die stärkere Verbundenheit der Muslime untereinander schafft auch ein stärkeres Gefühl der Geborgenheit.

Was im Koran über die Kleidung der Frauen steht

Der gesamte Koran besteht nach dem Glauben der Muslime aus wörtlichem Diktat Gottes. Er ist das „vom Himmel auf den Propheten (Mohammed) herabgesandte Buch“ (Sure 2:39; 3:51 u.a.). Diese Vorstellung einer sogenannten „Verbalinspiration“ bewirkt den außerordentlichen Respekt der Muslime vor dem Koran. Der Wortlaut des Korans gilt als absolut unantastbar.

Christen teilen diesen Glauben selbstverständlich nicht. Aber folgende Aspekte zeigen, daß die Haltung des Moslems zu seiner heiligen Schrift der christlichen Tradition nicht ganz fremd ist: Da sind zunächst einmal die älteren Brüder und Schwestern der Christen, die Juden. Auch im rabbinischen Judentum gibt es die Auffassung, die Thora, die fünf Bücher Mose, läge vor ihrer irdischen Existenz schon im Himmel vor. Der Islam geht auch von einer himmlische Urschrift aus, aus der auch Juden und Christen ihre heiligen Schriften empfangen haben sollen. Und ein letzter Aspekt: Für den Christen ist es der Heilige Geist, von dem die Propheten und Verfasser der Bibel inspiriert wurden, wenn auch nicht Wort für Wort. Unter den anderen beiden genannten Buchreligionen ragt das Christentum dann insofern hervor, daß Jesus Christus selbst das fleischgewordene Wort Gottes ist. (Man kann also beim Christentum von einer Überwindung der reinen Buchreligiosität sprechen.)

Der Koran: „Du, der Prophet, sage deinen Gattinnen und deinen Töchtern und den Frauen der Gläubigen, daß sie etwas von ihren Übergewändern über sich heranziehen, dies ist näher daran, daß sie erkannt werden und nicht belästigt werden, und Allah ist immer verzeihend, barmherzig“ (Sure 33:59).

Das Übergewand, arabisch *dschilbab,* ist eine Art Überwurf, der beim Ausgehen getragen wurde. In diesem Vers weist also Allah seinen Propheten Mohammed an, den

Frauen zu sagen, sie möchten ihr Übergewand über sich ziehen. Dies wird allgemein so verstanden, daß der Überwurf von hinten über den Kopf gezogen wird. Dadurch sind Haar und Gesicht bedeckt, mit einem Auge sieht die Frau hinaus. Als Grund wird angegeben, sie sollten „erkannt und nicht belästigt werden". Der historische Hintergrund ist, daß die Frauen, wenn sie zu jener Zeit, wir schreiben das 7. Jahrhundert, in Medina abends oder nachts ihre Notdurft verrichteten, dazu ins Freie gingen und sich ein wenig von der Siedlung entfernten. Herumsitzende Männer, verschiedenen Koranauslegern nach keine Muslime, sprachen die Frauen an. Wegen Belästigung zur Rede gestellt, sagten die Männer, sie hätten die Frauen für Sklavinnen oder Mägde gehalten. Deshalb wurden die Frauen angehalten, sich zur besseren Unterscheidung fortan zu verhüllen. Dies entsprach dem Stand vornehmer Damen. Und hinsichtlich der vorherigen Praxis, dies nicht zu tun, wird auf die Milde Allahs verwiesen.
Ausführlicher wird in der Sure 24 der Zusammenhang der Bekleidungsvorschriften geboten: Die Männer sollen ihre Blicke zügeln und ihre Scham hüten (Vers 30). Auch von den Frauen wird dies verlangt und ausgeführt, sie sollen ihre Reize nicht zeigen, außer dem, was (anständigerweise) sichtbar bleiben kann, „und sie sollen ihre Kopftücher über ihre Kleiderausschnitte schlagen und nicht ihren Schmuck sichtbar machen", außer im engeren Familienkreis (31). Unverheiratete sollen keusch bleiben (33).

Männer *und* Frauen sind also dem Koran nach gehalten, mit Dezenz zu schauen und diejenigen Teile ihres Körpers zu schützen, die unter den Bereich der Scham fallen.

Was bei den Frauen anständigerweise sichtbar bleiben kann, sind nach Ansicht der klassischen Koranauslegung die Gewänder, die Hände (mit Armband, Ring) und das Gesicht (mit Augenschminke). Das Kopftuch, *khimar,* ist die Kopfbedeckung der arabischen Frauen der damaligen Zeit. Sie trugen dazu eine Art Hemd mit weitem Halsausschnitt. Der Koran weist sie an, das Tuchende ihrer Kopfbedeckung nicht lose über den Rücken herabbaumeln zu lassen, sondern es nach vorne über den Ausschnitt zu drapieren, damit die Brüste nicht gesehen werden „und das, was von den Haaren und dem Schmuck herum ist", schreibt ein Kommentar.

Der Koran enthält also eine bestimmte Ordnung des Geschlechtslebens, von der wir hier nur den Teil dargestellt haben, der mit der Kleidung zu tun hat. Beziehungen, die aufgrund der Zurschaustellung der eigenen Attraktivität einerseits und des Ausschau-Haltens andererseits entstehen könnten, sollen vermieden werden. Dazu dient eine Dezenz der Kleidung und der Blicke. Das Geschlechtsleben soll in der Ehe stattfinden, die Kinder vom legalen Vater stammen. „Diese Sorge wird verständlich", schreibt Ralph Ghabdan, „wenn man die Verhältnisse vor dem Islam kennt. Es gab über zehn Arten von sexuellen Beziehungen. Es herrschte mehr als Libertinage, fast Promiskuität. Es war z. B. üblich, daß die Frau fremdging, wenn der Mann aus irgendwelchem Grund abwesend war. Bei diesem Durcheinander wußten alle nur eines mit Sicherheit, nämlich, wer ihre Mutter war".

Demzufolge bringt der Koran verschiedene Aspekte einer Schamkultur zum Ausdruck: Eine adäquate Bekleidung dient der Erkennbarkeit einmal als ein Mensch, der nicht allgemein sexuell verfügbar ist (wie Sklaven oder Prostituierte), und sodann als Zugehöriger zu einer bestimmten Religion. „Die freien Christinnen und Jüdinnen durften genau wie die Sklavinnen Kopf und Gesicht nicht verhüllen“ (Ghabdan). Bis ins 20. Jahrhundert hinein konnte man die Statuskomponente des Schleiers beobachten. So wird 1961 aus dem Süd-Jemen berichtet, eine Frau bewege sich dort unverhüllt vor einem Sklaven, weil er vom sozialen Rang her so niedrig ist.

Das äußerliche Merkmal der Zugehörigkeit zu einer bestimmten Religion signalisiert, daß dieser Mensch gläubig ist und sich deshalb bemüht, dem Anspruch seiner Religion nachzukommen, einen gewissen sittlichen Standard zu erfüllen, und das heißt hier, im Bereich des Geschlechtlichen ein tugendhaftes Leben zu führen. Ein weiterer Aspekt ist eine soziale Ordnung, in der es für Gläubige (im Islam: Moslems, Christen und Juden) und Ungläubige (Heiden), für Freie und Unfreie, für Verheiratete und Unverheiratete, für Männer und Frauen bestimmte Verhaltensregeln gibt, damit die Freiheit des einzelnen mit der Freiheit der anderen in ein gerechtes Verhältnis gebracht wird und so Streit und Eifersucht vermieden werden.

Was in der Sunna über die Kleidung der Frau steht

Da der Koran nicht alle Fragen des praktischen Lebens beantwortet, sammelten die Muslime, was Mohammed sonst noch gesagt oder getan hatte. Diese Präzedenzfälle,

Hadith (Mitteilung, Erzählung) genannt, bilden zusammen die *Sunna* (Brauch, Satzung). Sie ist nach dem Koran die zweite Rechtsquelle des Islam, weil das Leben des Propheten als vorbildlich gilt (Suren 33:22, 68:5).

Verschiedene Hadithe bestätigen, daß sich aufgrund der beiden zitierten Koranstellen eine von Leben und Aussprüchen des Propheten gedeckte Praxis weiblicher Bekleidung ergab. Der bekannteste Hadith zu diesem Thema ist folgender:

„Asma, die Tochter Abu Bakrs, kam bei Allahs Gesandtem herein, und sie trug durchsichtige Gewänder. Da wandte sich Allahs Gesandter von ihr ab und sagte: ‚O Asma, für die Frau, wenn sie die Menstruation erreicht hat, paßt es nicht, daß man von ihr sieht außer diesem und diesem', und er zeigte auf sein Gesicht und seine Hände."

Dies erzählt Aischa von ihrer Schwester Asma. Asma war die Schwägerin Mohammeds. Der Überlieferer des Hadiths, Khalid bin Duraik, kannte Aischa nicht persönlich, weil er nicht zu ihrer Zeit lebte. Deshalb gilt der Hadith als „schwach", was Mängel in der Überlieferung bedeutet. Er kann inhaltlich richtig sein, aber seine Quelle ist unsicher. Deshalb taugt er allein nicht als Beleg für eine verbindliche Rechtsregel. Drei schwache Hadithe können aber einen starken ersetzen. (Man kann an dieser alten Differenzierung in der Hadith-Wissenschaft sehen, daß sich die islamische Gelehrtentradition seit Jahrhunderten nicht nur bemüht, den tatsächlichen Willen Allahs herauszufinden, sondern dies auch korrekt, und das heißt auch kritisch, zu tun. Die Vertreter der traditionellen Position sind also keine blinden Eiferer und kruden Fundamentalisten.) Er wird wohl deswegen gerne zitiert, weil er die Hidschab-Vorschrift direkt und anschaulich ausdrückt. Bei anderen Hadithen muß man entweder erst einmal die Bestandteile der Geschichte für das heutige Verständnis erschließen oder die beiläufigen Erwähnungen des Kopftuchs aus ihrem Zusammenhang reißen. Zwei Quellen als Beleg:

„Um'Atiya erzählte: ‚Es wurde uns von Rasulullah (gemeint ist Mohammed) befohlen, unsere menstruierenden Frauen und verschleierten Frauen zu den religiösen Versammlungen und den Gebeten der Muslime an den beiden Eid-Festen zu bringen (...) Eine Frau fragte: O Gesandter Allahs, was macht jemand, der keinen Schleier hat? Er sagte: Sie soll sich einen Schleier von ihrer Freundin ausleihen.'"

Von Ali wird überliefert, daß „Allahs Gesandtem ein seidenes Kleidungsstück geschenkt worden war, und er übersandte es mir, und ich trug es. Da erkannte ich den Ärger in seinem Gesicht, und er sagte: Ich habe es dir nicht übersandt, damit du es trägst, ich habe es dir übersandt, damit du es als Kopftücher unter die Frauen zerteilst."

Was die Rechtsgelehrten über die Kopfbedeckung der Frau sagen

Die Übereinstimmung der muslimischen Gelehrtenwelt hinsichtlich des islamischen Rechts (Scharia) macht das Tragen einer Kopfbedeckung für die muslimische Frau zur verbindlichen Pflicht der Orthodoxie. Der „Zentralrat der

Muslime in Deutschland" (ZMD) hat dies so zusammengefaßt: „Bei allen sunnitischen (90 % aller Muslime sind Sunniten; Anm. d. Verf.) und schiitischen Rechtsschulen besteht Konsens darin, daß die Kopfbedeckung für Frauen zu den Bekleidungsvorschriften gehört, die verpflichtenden Charakter haben. Bei den sunnitischen Rechtsschulen – der hanafitischen, der hanbalitischen, der shafiitischen und der malkitischen – sowie bei der Rechtsschule der schiitischen Zwölfer-Imame gilt die Kopfbedeckung unumstritten als Pflicht (arabisch *wadschib)* für muslimische Frauen."

Der Hidschab läßt nur das Gesicht und die Hände frei. Eine Verschleierung des Gesichts ist außer in den Golfstaaten *(Abaha)* und in Afghanistan *(Burka)* nur bei außergewöhnlich schönen Frauen vorgesehen (läßt sich aber nicht aus den Texten ableiten). In der Golfregion gelten Frauen mit unverschleiertem Gesicht als „leicht zu haben", in Saudi-Arabien gehören sogar Handschuhe zum Hidschab. Das Gewand soll auch die Körperkonturen bis zu den Fußknöcheln oder noch tiefer verhüllen, also lang und weit sein. Gedeckte Uni-Farben und schlichte, matte Stoffe sollen dafür sorgen, daß das ursprüngliche Anliegen, keine sexuelle Empfänglichkeit auszustrahlen, nicht durch Transparenz, Glanz und Pep sabotiert wird. Der Schmuck soll nicht offen getragen werden und auch nicht so, daß er auffällig klimpert. Die Schminke soll dezent sein, wobei eine Vertuschung von Hautunreinheiten, Muttermalen oder dergleichen erlaubt ist, nur eben kein Auftakeln. Die Vorschriften variieren regional und hängen auch von der Überlegung ab, was der Prophet mit seinen Äußerungen gemeint hat, das heißt, was vermutlich der Wille Allahs ist. Hier kann die historische, soziologische oder sprachliche Erforschung durchaus zu unterschiedlichen Schlüssen führen, die auch den heutigen Zeitumständen gerecht werden sollen. Die islamischen Bekleidungsvorschriften sind nicht bis ins letzte Detail unveränderbar seit tausend Jahren festgeschrieben. Sie gehören zu dem Teil der Scharia (= Lebensweg), der nicht direkt das Verhältnis zu Gott betrifft und einen Großteil der dort niedergelegten Regelungen ausmacht, somit fortgeschrieben werden muß.

Mit der ersten Menstruation, d. h. mit der Geschlechtsreife, beginnt für muslimische Mädchen das Tragen des Hidschab, wenn man nicht schon davor versucht hat, sie daran zu gewöhnen. Er wird vollständig nur in der Öffentlichkeit getragen. Wenn Frauen unter sich sind, müssen sie nur vom Nabel bis zu den Knien bedeckt sein. Im engeren Familienkreis müssen Haar, Hals und Füße nicht bedeckt werden, auch zu Arbeiten im Haus kann die Muslima die Ärmel etwas hochkrempeln. Gegenüber dem eigenen Ehemann entfallen die Bekleidungsvorschriften ganz.

Geschlechtertrennung

„O Frauen des Propheten, ihr seid nicht wie andere Frauen! Wenn ihr rechtschaffen seid, dann seid nicht geziert im Reden, damit nicht der, in dessen Herzen Krankheit ist, Erwartungen hege, sondern redet in geziemenden Worten. Und bleibt in euren Häusern und prunkt nicht wie in den Zeiten der Unwissenheit, und verrichtet das Gebet (...) und gehorchet Allah und Seinem Gesandten. Allah wünscht nur Unreinheit von euch zu nehmen, ihr Angehörigen des Hauses, und euch rein und lauter zu machen. Und gedenket der Zeichen Allahs und der Worte der Weisheit, die in euren Häusern verlesen werden; denn Allah ist gütig, allwissend" (Sure 33:32–34).

„O die ihr glaubt! Betretet nicht die Häuser des Propheten, es sei denn, daß euch Erlaubnis gegeben ward zu einer Mahlzeit, ohne auf deren Zubereitung zu warten. Sondern wann immer ihr eingeladen seid, tretet ein (zur rechten Zeit); und wenn ihr gespeist habt, so gehet auseinander und säumt nicht zu (weiterer) Unterhaltung. Das verursacht dem Propheten Ungelegenheit und er ist scheu vor euch, jedoch Allah ist nicht scheu vor der Wahrheit. Und wenn ihr sie um irgend etwas zu bitten habt, so bittet sie hinter einem Vorhang. Das ist reiner für eure Herzen und ihre Herzen. Und es geziemt euch nicht, den Gesandten Allahs zu belästigen, noch daß ihr je seine Frauen nach ihm heiraten solltet. Fürwahr, das würde vor Allah eine Ungeheuerlichkeit sein" (Sure 33:53).

Die Frauen des Propheten sollen nicht fremden Männern gegenüber verführerische Töne anschlagen. Sie sollen bescheiden, fromm und häuslich sein. Wer etwas von ihnen will, soll sie hinter einem Vorhang (Hidschab) fragen. Hintergrund ist, daß Mohammed seinerzeit ein gefragter Mann im wahrsten Sinne des Wortes war. Wenn man an ihn selbst schon nicht herankam, dann doch an eine seiner Gattinnen, dachten wohl einige. Das störte seine Privatsphäre. Beide Seiten, Frauen und Bittsteller, sollen sich nach diesen Koranworten mäßigen und den Willen des Hausherren respektieren.

Die Frauen der Propheten gelten als Mütter der Gläubigen, als Vorbilder der Muslimas. Traditionell hat man deshalb die Zielgruppe dieser Verse auf alle Frauen des Islam bezogen und Regeln erstellt, wann und wie Frauen aus dem Haus gehen sollen. Zusammen mit entsprechender Kleidung, Benimmregeln (Kontrolle des eigenen Blicks, auf die Sprache achten, nicht flirten) und Tugenden (Sure 33:35) ergibt sich eine Geschlechtertrennung. Diese Trennung gilt am stärksten in der Öffentlichkeit und vor Fremden (auch Gästen), schließlich überhaupt nicht mehr zwischen Eheleuten. Gewiß entspricht sie den Unterschieden im Rollenbild der Geschlechter, es wäre aber voreilig zu behaupten, die Geschlechtertrennung ginge nur zu Lasten der Frauen. Frauen dürfen – in entsprechender Bekleidung – die Männerbereiche durchaus betreten, wenn es nötig ist. Andersherum dürfen Männer jedoch die Frauenbereiche (arab. *harim,* türk. *harem)* überhaupt nicht betreten. Dort können die Frauen ihre Kleider weitgehend ablegen und unter sich sein.

Frantz Fanon schrieb 1969 über die traditionellen Lebensverhältnisse im islamischen Algerien der letzten Jahrhundertmitte: „Die von der Algerierin so stark empfundene Bindung an das Heim ist keine Beschränkung ihres Lebensbereiches. Sie ist kein Haß auf die Sonne, auf die Straßen oder die Theatervergnügungen. Sie ist keine Weltflucht. Es geht vielmehr darum, daß unter normalen Bedingungen ein doppelter Kreislauf bestehen muß zwischen der Familie und der gesamten Gesellschaft. Das

Heim begründet die gesellschaftliche Wahrheit, aber die Gesellschaft verschafft der Familie Authentizität und Legitimität" (Algerien legt den Schleier ab, S. 46).

Eine bemerkenswerte Deutung der Geschlechtertrennung liefert die Soziologin Ursula Mihciyazgan: Der Islam habe die Geschlechter getrennt, der Westen Körper und Geist. Im ersten Fall bleibe der Mensch ganz, ein Sexualwesen, kein Herrscher über seinen Körper. Aber dann müsse der Anspruch des Körpers eingehegt, eine Grenze zwischen den Geschlechtern geschaffen werden. Diese vertikale Trennung im Islam sei letztlich ebenso fiktiv wie die horizontale des Westens. Aber sie verdränge die Sexualität nicht, werde dadurch auch nicht ungerecht gegenüber den Frauen, die im Westen als Körper eher abgespalten würden, dominiert von den männlichen Geistwesen. Diese Sicht mache verständlich, warum Musliminnen ihre Situation kaum als unterdrückt wahrnähmen (nach Oestreich, Der Kopftuchstreit, S. 141).

Trotz des grundlegenden kuturellen Unterschieds hinsichtlich der Geschlechtertrennung scheint diese durchaus einem Bedürfnis der Menschen zu entsprechen, nicht fortwährend mit dem jeweils anderen Geschlecht zusammen zu sein. Hierher gehören nicht nur getrennte öffentliche Toiletten, der britische Herrenclub, der Stammtisch und das Kaffekränzchen, sondern auch weite Bereiche des Vereinslebens oder des gemeinsamen Besuchs von Sportveranstaltungen. In der Synagoge gibt es eine Geschlechtertrennung, die auch in vielen kirchlichen Gottesdiensten ohne Aufforderung seit Jahrhunderten im großen und ganzen Tradition geblieben ist.

Vermutlich besteht der wesentliche Unterschied zum Islam darin, daß die Geschlechtertrennung dort religiös vorgeschrieben ist, wie es dort eben generell für mehr Lebensbereiche Vorschriften gibt. Aber auch das ist im Judentum nicht anders. Vermutlich ist es wie in anderen Bereichen, in denen westliche Menschen Anstoß am Islam nehmen: Das Selbstbild des Amerikaners oder Europäers ist das des autonomen Menschen: „Ich tue, was ich will. Niemand schreibt mir etwas vor." Dieses Selbstbild wird genährt einerseits von einer Gesellschaft, die sich liberal gibt, indem sie scheinbar auf Sozialkontrolle weitgehend verzichtet; andererseits von Multiplikatoren, die von Freiheit reden, um damit etwas bestimmtes zu erreichen, z. B. eine Kreditkarte zu verkaufen („Die Freiheit nehm ich mir"). Aber ob dieses Selbstbild der Wirklichkeit entspricht, ist damit noch nicht gesagt. Es erhält seine Nahrung dadurch, daß die Menschen im Westen frei sind in der Berufswahl, in der Partnerwahl, im Konsum- und Reiseverhalten und vielen moralischen Fragen. Aber sehen wir uns ein Kind an, das auf die Welt kommt: Es muß gemeldet werden, es muß versichert werden, es muß zur Schule gehen. Sozialer Druck herrscht in vielerlei Hinsicht: Spielzeug, Kleidung, Medienkonsum sollen aktuellen Trends, Moden und Statussymbolen entsprechen. 100.000 Gesetze, Verordnungen und Bestimmungen regeln von Staats wegen das Menschenleben in Deutschland. Niemand kann einfach irgendwelche Leistungen gegen Entgelt anbieten. Exakte Vorschriften für seine Qualifikation, seine Berufsbezeichnung, seine Steuerlast, seine Zugehörigkeit zu irgendwelchen Kammern und Verbänden zeichnen die Wege vor, in denen er sich zu bewegen hat. Auch für freie Bereiche des Lebens ergeben sich wie von selbst Vorschriften, mit sanftem Druck, „Musts" und „Donts": Urlaubsorte, Sportarten, Diäten. Sicher, niemand wird erschossen, weil er sich nicht den neuesten Freizeitartikel kauft. Aber wieviele erwachsene, „freie" Menschen in Deutschland haben schon gesagt: „Erst hab ich gedacht, das mach ich nicht. Aber als dann alle meine Bekannten ..., da hab ich dann schließlich doch ..."! Es wird die Frage erlaubt sein, ob das scheinbare „Kann doch jeder machen, was er will" wirklich so viel freier ist, als die strenge Beachtung einer festen und relativ unveränderten Anzahl religiöser Vorschriften im Islam und orthodoxen Judentum bei gleichzeitiger weitgehender Resistenz gegen Zeitgeist und Konsumterror.

Das Recht der Muslime in Deutschland

Muslime dürfen in Deutschland schächten, das heißt die Tiere, deren Verzehr ihnen ihre Religion gestattet, ihrer Tradition entsprechend ohne Betäubung schlachten. Muslime dürfen Moscheen mit Minaretten bauen, es ist nur eine Frage der lokalen Gegebenheiten und Entscheidungsträger, wo und wie das geschieht. Auch der Ruf des Muezzins vom Minarett ist nicht grundsätzlich verboten.
Wenn muslimische Eltern nicht wollen, daß ihre Töchter gemeinsam mit den Jungen Sport- und/oder Schwimmunterricht haben, dann können diese Schülerinnen davon befreit werden. Solche Befreiungen sind auch in Unterrichtseinheiten möglich, in denen Dinge gezeigt werden, die dem Sittlichkeitsempfinden der Muslime widerstreben, wie zum Beispiel nackte Körper im Sexualkundeunterricht. Die muslimischen Schülerinnen dürfen ihrer Religion entsprechend gekleidet, also mit einem Kopftuch, am Unterricht teilnehmen. Für Arbeitgeber der Privatwirtschaft ist eine solche Kleidung kein legaler Grund, eine Angestellte zu entlassen, selbst wenn wirtschaftliche Einbußen, zum Beispiel in einem Kaufhaus, befürchtet werden.

Ausländer, die in Deutschland heiraten, werden nach dem Recht ihrer Herkunftsländer verheiratet, auch der islamischen. Und nach diesem Recht werden sie auch wieder geschieden. Das schließt in solchen Fällen sogar die Akzeptanz der Polygamie durch den deutschen Staat ein. „Es gibt sogar im Sozialgesetzbuch entsprechende Vorschriften, zum Beispiel wenn es um Rentenanwartschaften geht. Würden wir das nicht tun, würden wir den Frauen ja Steine statt Brot geben. Denn sie haben sich ja darauf eingestellt, was ihre Versorgung angeht.", sagt Mathias Rohe, Professor für Bürgerliches Recht an der Universität Erlangen, der auch Islamwissenschaftler und Richter am Oberlandesgericht ist. Und seine diesbezügliche Zusammenfassung klingt überraschend: „Wir wenden hier in Deutschland jeden Tag die Scharia an." Dies geschieht freilich nicht schrankenlos, sondern findet seinen Rahmen im Ordre public (vgl. S. 68 oben). Rohe weiter: „Im Rahmen der Religionsfreiheit können die Muslime unter dem geltenden Recht sehr vieles gestalten: beispielsweise Verträge ohne Zinsen schließen oder Familienrechtsverhältnisse ein Stück weit gestalten. Sie können auch Schlichtungsinstanzen bilden. Der Zentralrat der Muslime in Deutschland hat vor kurzem einen wichtigen Schritt in diese Richtung unternommen. Er hat eine Grundsatzerklärung mit einem deutlichen und uneingeschränkten Bekenntnis zur freiheitlich-demokratischen Ordnung des Grundgesetzes vorgelegt, einschließlich der Freiheit zum Glaubenswechsel."

Einzelne Freiheiten, zum Beispiel das Schächten oder die Befreiung von bestimmtem Schulunterricht, sind von Muslimen häufig durch Prozesse errungen worden, die sich über Jahre durch verschiedene Instanzen hinzogen. Aber was ist die Grundlage dafür, daß sich derartig fremde, für manche geradezu befremdliche Verhaltensweisen – man denke nur an den Tierschutz, die sexuelle Freiheit und die Emanzipation – in Deutschland entfalten dürfen?

Folgende Zusammenstellung grundlegender Rechtssätze soll einen Eindruck davon vermitteln, auf Grundlage welcher Rechtskultur in Deutschland über ein Verbot eines religiösen Kleidungsstück nachzudenken ist:

„(1) Die Würde des Menschen ist unantastbar. Sie zu achten und zu schützen ist Verpflichtung aller staatlichen Gewalt.

(2) Das Deutsche Volk bekennt sich darum zu unverletzlichen und unveräußerlichen Menschenrechten als Grundlage jeder menschlichen Gemeinschaft, des Friedens und der Gerechtigkeit in der Welt“ (Art. 1 GG).

„(1) Alle Menschen sind vor dem Gesetz gleich.

(2) Männer und Frauen sind gleichberechtigt.

(3) Niemand darf wegen seines Geschlechtes, seiner Abstammung, seiner Rasse, seiner Sprache, seiner Heimat und Herkunft, seines Glaubens, seiner religiösen oder politischen Anschauungen benachteiligt oder bevorzugt werden“ (Art. 3 Abs. 3 GG).

„Jeder hat das Recht auf die freie Entfaltung seiner Persönlichkeit, soweit er nicht die Rechte anderer verletzt und nicht gegen die verfassungsmäßige Ordnung oder das Sittengesetz verstößt“ (Art 2 Abs. 1 GG).

„(1) Die Freiheit des Glaubens, des Gewissens, und die Freiheit des religiösen und weltanschaulichen Bekenntnisses sind unverletzlich.

(2) Die ungestörte Religionsausübung wird gewährleistet“ (Art. 4 GG).

Diese Zitate aus dem Grundgesetz der Bundesrepublik Deutschland finden ihre Entsprechung in der „Allgemeinen Erklärung der Menschenrechte der Vereinten Nationen“ und der „Europäischen Konvention zum Schutze der Menschenrechte und Grundfreiheiten“ (EMRK). Sie sind also zivilisatorischer und juristischer Standard.

Die Hoheit des Staates über die Einstellung von Lehrerinnen an staatlichen Schulen ergibt sich aus folgendem Artikel: „Das gesamte Schulwesen steht unter der Aufsicht des Staates“ (Art. 7 Abs. 1 GG).

Die beiden folgenden Artikel enthalten ein Diskriminierungsverbot. Sie „gewähren einen Anspruch auf gleichen Zugang zu jedem öffentlichen Amt. Dieses Recht ist grundrechtsgleich“ (Suzanne Mann, Das Kopftuch, 2004, S. 36 f).

„(2) Jeder Deutsche hat nach seiner Eignung, Befähigung und fachlichen Leistung gleichen Zugang zu jedem öffentlichen Amte.

(3) Der Genuß bürgerlicher und staatsbürgerlicher Rechte, die Zulassung zu öffentlichen Ämtern sowie die im öffentlichen Dienste erworbenen Rechte sind unabhängig von dem religiösen Bekenntnis. Niemandem darf aus seiner Zugehörigkeit zu einem Bekenntnisse oder einer Weltanschauung ein Nachteil erwachsen“ (GG Art. 33 Abs. 2–3).

Der folgende, über Art. 140 GG in das Grundgesetz aufgenommene Artikel der Weimarer Reichsverfassung (WV) steht dem Islamismus ebenso entgegen wie einer Verknüpfung von Kirche und Staat im Schulwesen: „Es besteht keine Staatskirche“ (Art. 137 Abs. 1 WV).

Diese Sätze bilden die wesentlichen Koordinaten für die deutsche Rechtsprechung im Kopftuchstreit (oder sollten sie jedenfalls bilden). Die ehemaligen Bundesverfassungsrichter Ernst-Wolfgang Böckenförde und Gottfried Mahrenholz haben in Aufsätzen und Interviews diese Prinzipien erläutert und auf den Kopftuchstreit angewandt. Bei unserer Darstellung folgen wir im wesentlichen Ernst-Wolfgang Böckenförde.

Böckenförde ordnet die Frage, ob Lehrerinnen an staatlichen Schulen in Deutschland das Tragen des muslimischen Kopftuchs verwehrt werden dürfe, der Bekenntnisfreiheit nach Art. 4 Abs. 1 GG zu. Selbstverständlich steht der Schutz der Würde der menschlichen Person nach Art. 1 GG in engem, auch begründendem Zusammenhang mit dem übergreifenden Thema der Religionsfreiheit, denn dieser innerste Bereich des Menschen, der seines Gewissens und seiner tiefsten Überzeugungen und Beweggründe, also seines Glaubens und seiner Weltanschauung, ist ja ein entscheidender Aspekt der Personalität und damit der Würde des Menschen. Daß dieser Bereich den Menschen prägt, ihm Gestalt verleiht nicht nur in seiner Lebensführung und seinen kultischen Handlungen, sondern auch in seiner Erkennbarkeit als Anhänger einer Weltanschauung oder eines Glaubens, in seinem Bekenntnis nach außen, ist heute ein selbstverständliches Freiheitsrecht jedes Deutschen (Präambel GG).

Diese Religionsfreiheit kann sowohl positiv als auch negativ gelesen werden: als Freiheit *zum* religiösen Bekenntnis und als Freiheit *vom* Bekenntnis. In beiden Fällen geht es um die Abwehr von Zwang (zu etwas gezwungen zu werden oder an etwas gehindert zu werden). Negative Religionsfreiheit enthält aber kein Recht auf eine von allen religiösen Bekundungen gesäuberte Öffentlichkeit.

Die Religionsfreiheit, ist von den Vätern des Grundgesetzes als „individuelle Freiheitsgarantie – im Sinn eines

Menschenrechts“ (Böckenförde) gefaßt worden. Die Bekenntnisfreiheit kennt keinen Gesetzesvorbehalt („Das nähere regelt ein Bundesgesetz“), sie kann also nur durch andere Grundrechte eingeschränkt werden. Brautraub, Zwangsheirat oder Witwenverbrennung sind nicht durch die Religionsfreiheit gedeckt. Unsere Rechtsordnung enthält diese Freiheit als durchgängiges Prinzip und bezieht sich auch immer wieder auf sie.

Der Staat (bzw. die staatliche Rechtsordnung) tritt in entsprechenden Konflikten neutral auf, indem er einen schonender Ausgleich, die sogenannte praktische Konkordanz der Grundrechte, sucht, mit dem Ziel von Frieden und Miteinander. Diese Neutralität weist einerseits jede religiöse Einflußnahme auf den Staat zurück (distanzierende Neutralität) und ist andererseits offen für die Entfaltung der Religionen (offene und übergreifende Neutralität). Wir haben also in Deutschland weder eine Staatsreligion (wie Großbritannien, der Iran oder skandinavische Länder) noch einen laizistischen Staat (wie die Türkei, Frankreich oder in gewissem Sinne die Schweiz).

Die Schule ist in Deutschland keine originär staatliche Hoheitstätigkeit (wie etwa die Justiz oder die Polizei), der Staat veranstaltet sie nur. Insofern sind Schulen nicht Orte strikter Neutralität, sondern Begegnungsstätten von Staat und Gesellschaft. Sie sind, weil sie Pflichtschulen sind, auch keine Bekenntnisschulen, weil der Schüler dem Bekenntnis sonst ausgesetzt wäre, da er ja keine Wahl hat. Es gibt christliche Bezüge und christliche Erziehungsmethoden an öffentlichen Schulen, aber keine Identifikation dieser Schulen mit einem bestimmten Bekenntnis.

Der Lehrer ist in der Schule kein religiöses Neutrum. Er hat die Freiheit zum Bekenntnis, ob im Ordensgewand der Nonne oder mit dem Kopftuch der Muslimin. Die Schule hat die Aufgabe, mit der auch religiösen Pluralität der Gesellschaft vertraut zu machen. Wie die spezifische Religiosität einer Lehrkraft aufgefaßt wird, ist aber nicht an einem Kleidungsstück objektiv erkennbar, sondern am Gesamtverhalten des Lehrers. Seine politischen, weltanschaulichen und religiösen Bekundungen müssen stets ihren persönlichen Charakter bewahren, sie dürfen nicht gelehrt werden, nicht propagandistisch indoktriniert oder suggeriert werden. Das würde die negative Bekenntnisfreiheit der Schüler und das Erziehungsrecht der Eltern verletzen. Aber deshalb hat niemand das Recht, ein religiöses Kleidungsstück einzig von außen rechtsgültig zu deuten: „Das wäre völlig unverhältnismäßig, eine Fremdbestimmung des Grundrechtsträgers; es würde dem Grundrecht von vornherein seine Relevanz nehmen" (Böckenförde).

Suzanne Mann hat die Frage eines Kopftuchverbots für Lehrerinnen juristisch analysiert. Ihr Resümee:

„Die muslimische Lehramtsanwärterin mit Kopftuch hat ein Recht darauf, als Lehrerin an einer öffentlichen Schule eingestellt zu werden (...)

Trägt die Lehramtsanwärterin das Kopftuch aus religiösen Motiven, so kann sie sich auf ihre Rechte aus Art. 33 Abs. 2 und Abs. 3 S. 1 2. Var. GG GG berufen. Die Ungleichbehandlung besteht darin, daß Lehramtsanwärterinnen, die kein Kopftuch tragen, bei gleicher Qualifikation an öffentlichen Schulen eingestellt werden. Zudem wird sie bei einer Nichteinstellung wegen des Kopftuchs in ihrer durch

Art. 4 Abs. 2 GG gewährleisteten Religionsausübungsfreiheit verletzt.

Trägt die Lehramtsanwärterin das Kopftuch als Ausdruck ihrer fraulichen Würde und sieht sie es als Bestandteil ihrer Persönlichkeit an, so verletzt eine Nichteinstellung sie in ihrem Recht auf gleichen Zugang zu jedem öffentlichen Amt aus Art. 33 Abs. 2 GG. Zudem wird sie in ihrem allgemeinen Persönlichkeitsrecht aus Art. 2 Abs. 1 i. V. m. Art. 1 GG verletzt.

Die Akzeptanz kopftuchtragender Lehrerinnen an öffentlichen Schulen dient der Zielsetzung der Art. 33 Abs. 2 und 3 GG, die im weitesten Sinne eine Integration aller Bürgergruppen in den Staat und in die Gesellschaft bezwecken" (Mann, Das Kopftuch, S. 143).

Der Kopftuch-Streit mit Fereshta Ludin

Zwei Jahre unterrichtet Fereshta Ludin als Referendarin für Deutsch, Geschichte und Gemeinschaftskunde an der Hohberg-Schule im württembergischen Plüderhausen. Die Schüler haben kein Problem mit der jungen Lehrerin und ihrem Kopftuch. Sie trägt es freiwillig, seit sie dreizehn ist, zur Überraschung ihrer liberalen Mutter. Die Kultusministerin Annette Schavan ließ sie mit Kopftuch als Referendarin zu, aber nur, damit sie ihre Ausbildung abschließen könne. Bereits dagegen polemisierte der Bundestagsabgeordnete Otto Hauser (CDU), seine Parteifreundin werde „sicher morgen auch das Tragen des roten Sterns oder neofaschistischer Symbole genehmigen" (nach Oestreich, Der Kopftuchstreit, S. 36). Doch die Sorgen des Esslinger Volksvertreters erwiesen sich als unbegründet. Das Oberschulamt Stuttgart erließ am 10. Juli 1998 den Bescheid, Ludin sei für den Schuldienst nicht geeignet. Ihr Kopftuch habe „öffentliche Signalwirkung". „Mädchen in muslimischen Familien, in denen bislang kein Kopftuch getragen wurde", würden „wieder zum Tragen des Kopftuches gezwungen und damit dazu, sich kulturell abzugrenzen." Es bestehe, wenn auch nicht von der Trägerin, die persönliche Gründe – ihr Schamgefühl – für das Tragen ihres Kopftuchs anführte, „die tatsächliche Gefahr der Vereinnahmung des Kopftuches auch als politisches Symbol".

Von wem werden die Schülerinnen aus vormals kopftuchfreien Familien gezwungen? Von wem wird das Kopftuch als politisches Symbol vereinnahmt? Aus Plüderhausen wurde dergleichen nicht berichtet. Fereshta Ludin hat als Referendarin auch keine Werbung für den Islam betrieben oder extreme Ansichten verteten. In Stuttgart-Bad Cannstadt bemerkte man das Kopftuch der Grundschullehrerin Doris Graber nicht einmal als Ausdruck ihrer Konversion zum Islam: Weil sie es im Nacken zusammengebunden hatte, hielten es die Kolleginnen für eine modische Eigenart (nach Oestreich, S. 66 f.). In Niedersachsen protestierte die Schulklasse, der die kopftuchtragende Lehrerin Iyman Alzayed verwehrt wurde (ebd., S. 63 f.). In Nordrhein-Westfalen, wo über zehn Lehrerinnen mit Kopftuch unterrichten, hat man ebensowenig schlechte Erfahrungen gemacht wie in Hamburg, wo es auch eine Lehrerin mit Kopftuch gibt (ebd., S. 89). Woher will das Oberschulamt Stuttgart dann dergleichen wissen?

Ministerin Schavan jedenfalls bestätigte am 13. Juli 1998 durch eine Pressemitteilung ihres Ministeriums die Entscheidung des Oberschulamts. Sie behauptete einfach, das Tragen eines Kopftuches gehöre nicht zu den religiösen Pflichten einer Muslimin. Das könne man unter anderem daran sehen, daß die meisten keines trügen. Vermutlich hält die Katholikin Schavan, die auch noch Theologie studiert hat, den Besuch der Sonntagsmesse auch nicht für eine Katholikenpflicht, weil die meisten nicht hingehen. Dreisterweise führte sie in ihrer Erklärung die Verpflichtung des Lehrers zur Verkörperung der Toleranz an, während sie als dessen höchste Dienstchefin die Intoleranz amtlich machte. Fereshta Ludin legte Widerspruch ein, und der Weg durch die Instanzen begann: vom Verwaltungsgericht Stuttgart (AZ 15 K 532/99) zum Verwaltungsgerichtshof Mannheim (AZ 4 S 1439/00) über das Bundesverwaltungsgericht (AZ 2 c 21/01; AZ 2 C 45/03) bis zum Bundesverfassungsgericht (AZ 2 BvR 1436/02).

Aus diesen Gerichtsurteilen und ihren Begründungen seien nur einige Aussagen zitiert, die für die Kopftuch-Diskussion wichtig sind:

1. *Nicht wir definieren, was Menschen aufgrund ihrer Religion zu tun und zu lassen haben:* Der Staat und seine Gerichte haben nicht darüber zu befinden, ob das Kopftuchtragen religiöse Pflicht des Islam sei, unabhängig davon, wieviele Muslime dieser Pflicht nachkommen. Die Religionsgemeinschaften entscheiden das selbst (Verwaltungsgericht Stuttgart). Dies entspricht der klassischen Auslegung der Religionsfreiheit in Deutschland, nach der es erstens unerheblich ist, ob ein religiöser Akt einem entsprechenden Gebot

folgt, und zweitens der Ausübende, juristisch: der Grundrechtsträger, lediglich plausibel machen muß, daß die Handlung aus religiösen Gründen geschieht. Andernfalls fielen Wallfahrten, Prozessionen, Spendensammeln und Kirchenbau möglicherweise deshalb nicht unter die Religionsfreiheit, weil sie sich weder im Glaubensbekenntnis noch in den Zehn Geboten oder der Heiligen Schrift finden und auch nicht als Pflicht des katholischen Gläubigen gelten.

2. *Das Kopftuch ist nicht in erster Linie ein Symbol. Es kann diese Wirkung haben, je nach Träger:* „Das Kopftuch ist – anders als das christliche Kreuz – nicht aus sich heraus ein religiöses Symbol. Erst im Zusammenhang mit der Person, die es trägt und deren sonstigem Verhalten kann es eine solche Wirkung entfalten“ (Bundesverfassungsgericht).

3. *Das Kopftuch kann Unterschiedliches bedeuten, es steht nicht einfach für die Unterdrückung der Frau, sondern z. B. auch für das Gegenteil:* „Das von Musliminnen getragene Kopftuch wird als Kürzel für höchst unterschiedliche Aussagen und Wertvorstellungen wahrgenommen“. „Die Deutung des Kopftuchs kann (...) nicht auf ein Zeichen gesellschaftlicher Unterdrückung der Frau verkürzt werden. Dies zeigen neuere Forschungsergebnisse. Junge muslimische Frauen wählen das Kopftuch auch frei, um ohne Bruch mit ihrer Herkunftsgesellschaft ein selbstbestimmtes Leben zu führen“ (Bundesverfassungsgericht).

4. *Muslimische Kopftuchträgerinnen stehen unter dem Schutz der Religionsfreiheit:* „Eine Verpflichtung von Frauen zum Tragen eines Kopftuches in der Öffentlichkeit läßt sich nach Gehalt und Erscheinen als islamisch-religiös begründete Glaubensregel dem Schutzbereich des Art. 4 Abs. 1 und 2

GG hinreichend und plausibel zuordnen". Dies gilt auch für die Schule: „Das Tragen eines Kopftuches durch die Beschwerdeführerin (Fereshta Ludin) auch in der Schule fällt unter den Schutz der in Artikel 4 Abs. 1 und 2 GG verbürgten Glaubensfreiheit" (Bundesverfassungsgericht).

5. *Ein Lehrer ist kein religiös steriler Unterrichtsroboter des Staates, nur weil der Staat religiös neutral ist:* „Der Staat, der eine mit dem Tragen eines Koptuchs verbundene religiöse Aussage einer einzelnen Lehrerin hinnimmt, macht diese Aussage nicht schon dadurch zu seiner eigenen und muß sie sich auch nicht als von ihm beabsichtigt zurechnen lassen" (Bundesverfassungsgericht).

6. *Die religiöse Neutralität des Staates ist kein Laizismus:* „Die dem Staat gebotene religiös-weltanschauliche Neutralität ist indes nicht als eine distanzierende im Sinne einer strikten Trennung von Staat und Kirche, sondern als eine offene und übergreifende, die Glaubensfreiheit für alle Bekenntnisse gleichermaßen fördernde Haltung zu verstehen." „Danach sind christliche Bezüge bei der Gestaltung der öffentlichen Schule nicht schlechthin verboten; die Schule muß aber auch für andere weltanschauliche und religiöse Inhalte und Werte offen sein. In dieser Offenheit bewahrt der freiheitliche Staat des Grundgesetzes seine religiöse und weltanschauliche Neutralität" (Bundesverfassungsgericht).

7. *Die negative Wirkungen von Lehrerkopftüchern auf Schülerköpfe ist eine unbewiesene Behauptung:* Schon das Bundesverwaltungsgericht hielt die Beeinflussung von Schülern durch eine Lehrerin via Kopftuch für „schwierig einzuschätzen", selbst wenn sie sich nicht ausschließen lasse.

Die vom Bundesverfassungsgericht befragten Sachverständigen wiesen darauf hin, daß es über den negativen Einfluß eines Kopftuchs auf Schüler keine wissenschaftlichen Erkenntnisse gibt. Das Urteil sprach von einer Prognose, die sich „nicht auf gesicherte empirische Grundlagen stützen könne". Es handle sich „lediglich um abstrakte Gefahren". „Auf diesem Hintergrund (vgl. 2.) ist nicht belegt, daß die Beschwerdeführerin allein dadurch, daß sie ein Kopftuch trägt, etwa muslimischen Schülerinnen die Entwicklung eines den Wertvorstellungen des Grundgesetzes entsprechenden Frauenbildes oder dessen Umsetzung im eigenen Leben erschweren würde" (Bundesverfassungsgericht).

8. Fereshta Ludin trägt ein Kopftuch, weil sie eine Muslima ist. Sie deshalb für eine ungeeignete Lehrerin zu halten, ist verfassungswidrig: „Das Tragen des Kopftuchs macht im hier zu beurteilenden Zusammenhang die Zugehörigkeit der Beschwerdeführerin zur islamischen Religionsgemeinschaft und ihre persönliche Identifikation als Muslima deutlich. Die Qualifizierung eines solchen Verhaltens als Eignungsmangel für das Amt einer Lehrerin an Grund- und Hauptschulen greift in das Recht der Beschwerdeführerin auf gleichen Zugang zu jedem öffentlichen Amt aus Artikel 33 Abs. 2 GG in Verbindung mit dem ihr durch Artikel 4 Abs. 1 und 2 GG gewährleisteten Grundrecht der Glaubensfreiheit ein, ohne daß dafür gegenwärtig die erforderliche hinreichend bestimmte Grundlage besteht. Damit ist der Beschwerdeführerin der Zugang zu einem öffentlichen Amt in verfassungsrechtlich nicht tragfähiger Weise erschwert worden" (Bundesverfassungsgericht).

9. *Es müssen alle Religionen im Schuldienst per Gesetz so behandelt werden:* „Angehörige unterschiedlicher Religionen" müssen „gleich behandelt werden", wenn das Tragen religiöser Kleidung verboten werden soll, was durch den demokratisch legitimierten Gesetzgeber (Parlamentsvorbehalt) zu geschehen habe (Bundesverfassungsgericht). Die geforderte Regelung durch Landesgesetze trifft alle Konfessionen und Weltanschauungen gleichermaßen, kann sich also nicht auf das islamische Kopftuch beschränken (Bundesverwaltungsgericht 2004).

Diese Einzelaspekte sind deshalb wichtig, weil sie – bei all ihrer inneren Spannung, vielleicht sogar Widersprüchlichkeit oder Unentschiedenheit – dokumentieren, daß selbst in dem Prozeß, der für Fereshta Ludin letztlich negativ ausging – das Bundesverwaltungsgericht besiegelte 2004 die Nichteinstellung der Lehrerin –, die Gerichtsbarkeit einigen gängigen Slogans widersprochen hat, die in der politischen Diskussion immer wieder dafür herhalten müssen, gegen den Islam und seine Bekleidungsvorschriften zu polemisieren und entsprechende Gesetzesinitiativen zu begründen.

Die Gesetzesinitiativen als solche entsprechen zunächst einmal der Weisung des höchsten Gerichts, derartige, Grundrechte einschränkende Maßnahmen vom demokratisch gewählten Gesetzgeber – im Falle der Schulen also von den Länderparlamenten – zu erlassen. So haben also Baden-Württemberg, Niedersachsen und das Saarland entsprechende Gesetze erlassen, Bayern, Berlin und Hessen haben gesetzgeberische Verfahren laufen, und in Nordrhein-Westfalen und Thüringen liegen Gesetzesentwürfe der Oppositionsfraktionen vor. Damit sehen immerhin zehn von sechzehn Landesregierungen bislang offenbar keinen Handlungsbedarf. Rheinland-Pfalz will kein derartiges Gesetz erlassen (nach Oestreich, S. 89).

Die meisten dieser Initiativen und Gesetze richten sich mehr oder weniger deutlich gegen den Islam, indem sie christliche Kleidungsstücke und Symbole, manchmal auch jüdische, ausdrücklich zulassen. Nur Berlin hat alle markanten religiösen Symbole und Kleidungsstücke im öffentlichen Dienst (im Kindergarten nur auf Wunsch der Eltern) verboten. Die dortige CDU wollte nur das Kopftuch verbieten und protestierte vergeblich gegen das neue Gesetz von SPD und PDS als „ideologischen Atheismus".

Berlin nimmt damit aber zumindest formal die Weisung der höchsten deutschen Gerichte ernst, Angehörige unterschiedlicher Religionen gleich zu behandeln. Es geht durch die vom Bundesverfassungsgericht geöffnete Tür: „Es mag deshalb (wegen des größeren Konfliktpotentials religiöser Vielfalt; der Verf.) auch gute Gründe dafür geben, der staatlichen Neutralitätspflicht im schulischen Bereich eine striktere und mehr als bisher distanzierende Bedeutung beizumessen und demgemäß auch durch das äußere Erscheinungsbild einer Lehrkraft vermittelte Bezüge von den Schüler grundsätzlich fernzuhalten, um Konflikte (...) zu vermeiden."

Die anderen Länder können sich auf die Formulierung der Entscheidung berufen, „Schultraditionen, die konfessionelle Zusammensetzung der Bevölkerung und ihre mehr oder weniger starke religiöse Verwurzelung" dürften berücksichtigt werden (Bundesverfassungsgericht). Diesen Ländern geht es „um die Neutralisierung Andersdenkender und -glaubender, nicht um die Neutralität des Staates. Neutral haben nur die Fremden zu sein" (Dieter Haselbach). Tatsächlich ist nicht bekannt geworden, daß sich ein Oberschulamt oder eine Landesregierung einmal das Weltbild (und die dahinter agierenden und die Prozesse finanzierenden weltanschaulichen Vereine und Sekten) der Lehrer und Eltern angesehen hätte, die angeblich kein Kreuz anschauen können und derentwegen das Schulkreuz abgehängt werden mußte. Für diese Leute wurden keine Sondergesetze erlassen, obwohl sie sich dezidiert intolerant, antichristlich und fanatisch verhalten haben. Die Möchtegern-Abendland-Verteidiger-Länder hissen ein christliches Fähnlein, wo es um ein paar Frauen mit Kopftüchern geht. Aber verbohrt kirchenfeindlichen oder atheistischen Lehrkräften und Eltern wurde nolens volens Raum gegeben. Ist es das schlechte Gewissen, das sie treibt? Haben sich nicht die C-Parteien als Volksparteien schon oft genug bedenklich weit vom „C" entfernt?

Es ist aber schwer vorstellbar, daß die konfessionelle Auslegung dieser Länder Bestand hat. Aus Art. 3, Abs. 3, und Art 33, Abs. 3 GG, aus dem europäischen Gemeinschaftsrecht und Art. 14 und 9 der Europäischen Konvention zum Schutze der Menschenrechte und Grundfreiheiten (EMRK) ergibt sich ein umfassendes Diskriminierungsverbot (dazu Silke Ruth Laskowski, Der Streit um das Kopftuch geht weiter, 2003). Demnach kann der Staat nicht Personen, die bestimmte Merkmale aufweisen, in diesem Fall Frau (Geschlecht) und Muslimin (Glaube) mit Kopftuch (Aussehen) diskriminieren, indem er über sie quasi ein Berufsverbot verhängt.

Wie 1972? Damals war unter Bundeskanzler Willy Brandt (SPD) der sogenannte Radikalenerlaß beschlossen worden, um politische Extremisten, Verfassungsfeinde vom Amt des Staatsdieners fernzuhalten. Betroffen waren zum Beispiel Mitglieder der DKP, einer legalen Partei. (1975 verlangte das Bundesverfassungsgericht die Einzelfallprüfung, weil das „bloße Haben einer Überzeugung" nicht ausreiche, um für den Öffentlichen Dienst ungeeignet zu sein.) Schon argumentieren Juristen ähnlich, indem sie dem Kopftuch eine politische Gefährlichkeit, eine Verfassungsfeindlichkeit zuschreiben, um es aus der Religionsfreiheit herauszuschneiden. (Eine Einzelfallentscheidung wäre aber keine Neuerung, da ohnedies jeder Lehramtsanwärter Referendariat und Probezeit bestehen muß, um übernommen zu werden.) Wird aber der Weg der Majorität der kopftuchverbietenden Länder wegen der Neutralitätspflicht des Staates und des Diskriminierungsverbotes in einer Revision gestoppt (manche sehen in der Bundesverwaltungsgerichtsentscheidung 2004 einen ersten Hinweis darauf), dann verbleibt möglicherweise nur der Weg Berlins: eine verschärfte Neutralität, dem „Gebot der vorsorgenden Neutralität" (nach Laskowski, S. 433) folgend.

Der frühere Bundespräsident Johannes Rau hat in seiner vielbeachteten Rede zur „Religionsfreiheit heute" im Januar 2004 vor dieser Entwicklung gewarnt: „Ich bin der festen Überzeugung, daß wir nicht ein Symbol einer Religion – und das ist das Kopftuch jedenfalls auch – verbieten und dennoch glauben können, wir könnten alles andere beim alten lassen. Das ist mit der Religionsfreiheit, die unser Grundgesetz allen Menschen garantiert, nicht vereinbar und würde deshalb das Tor zu einer Entwicklung öffnen, die doch die meisten Befürworter eines Kopftuchverbots gar nicht wollen. Ich fürchte nämlich, daß ein Kopftuchverbot der erste Schritt auf dem Weg in einen laizistischen Staat ist, der religiöse Zeichen und Symbole aus dem öffentlichen Leben verbannt. Ich will das nicht. Das ist nicht meine Vorstellung von unserem seit vielen Jahrhunderten christlich geprägten Land."

Der europäische Menschengerichtshof hat bislang die Beschneidung der Religionsfreiheit etwa in der Türkei mit dem Argument toleriert, es handle sich eben um eine laizistische Republik. In Deutschland wurde das Grundgesetz aber vom Bundesverfassungsgericht stets so verstanden, daß der Staat „eine offene, das heißt gegenüber Religion positiv eingestellte Neutralität" (Gottfried Mahrenholz) pflegt. Dafür hatte auch das Bundesverfassungsgericht geworben: „Es ließen sich deshalb gute Gründe dafür anführen, die zunehmende religiöse Vielfalt in der Schule aufzunehmen und als Mittel für die Einübung von Toleranz zu nutzen, um so einen Beitrag in dem Bemühen um Integration zu leisten." Ein „realitätsbezogenes Neutralitätskonzept", „das die Wirklichkeit widerspiegelt und insoweit alle in der Gesellschaft vorhandenen religiösen Bekenntnisse auch auf Seiten der Lehrpersonen zulassen kann" (Laskowski, S. 434).

Bedauerlicherweise könnte nun gerade Berlin, das sich auf seine „Weltoffenheit" einiges einbildet, zum Vorreiter eines laizistischeren Deutschlands werden. Aber sind damit irgendwelche Probleme gelöst? Es gab keine Probleme, also gibt es auch nichts zu lösen, müßte man eigentlich sagen. Aber das ist wohl zu normal gedacht. Verfechter der „vorsorgenden Neutralität" denken so: „Bereits die Eröffnung einer Einwirkungsmöglichkeit auf die Kinder verletzt Glaubensfreiheit und Elternrecht" (Bundesverwaltungsgericht 2002). Möglicherweise in Betracht kommenden Konflikten muß vorbeugend die Grundlage entzogen werden. Nicht einmal probeweises Kopftuchtragen kommt in Frage! Ex-Verfassungsrichter Mahrenholz hält dies für „eine merkwürdige Asymmetrie auf der grundrechtstheoretischen Ebene". Denn: „Es gibt keinen Grundrechtskonflikt zwischen der konkreten Beeinträchtigung der Glaubensfreiheit und der abstrakten Möglichkeit, daß Eltern, offenbar wie viele auch immer, eine Lehrerin mit Kopftuch ablehnen. Der konkrete Konflikt entsteht durch eine konkrete Ablehnung der Eltern." Diese existiert aber nicht. Sie ist eine reine Erfindung. Und wenn es denn einen solchen Fall gäbe, dann wäre der staatliche Erziehungsanspruch in der Schule (GG Art. 7 Abs. 1) dem der Eltern (Art 6 Abs. 2 Satz 1 GG) gleichgeordnet. Der Ausgleich, dessen Unmöglichkeit das Bundesverwaltungsgericht behauptet (nach dem Motto: Wenn die ihr Kopftuch nicht absetzen will, wie soll es da einen Ausgleich geben?), wäre zunächst im Kontext der spezifischen Konfliktsituation zu suchen: Warum lehnen die Eltern die Lehrerin mit Kopftuch ab? Ist etwas vorgefallen? Wird etwas mißverstanden? Gibt es Vorurteile? Ist es nicht ein Lernziel der Schule, daß es unterschiedliche Religionen gibt, die auch zu unterschiedlicher Bekleidung motivieren können; daß religiöse Toleranz ein hoher Wert ist, der unserem Grundgesetz entspricht? Statt dessen werden Töne angeschlagen, die eher an eine politische Leitkultur-Diskussion erinnern denn an deutsches Rechtsdenken: Das Neutralitätsgebot des Staates sei nicht etwa „im Hinblick darauf aufzulockern, daß die kulturelle, ethische und religiöse Vielfalt in Deutschland inzwischen auch das Leben in der Schule prägt, wie die Klägerin (Fereshta Ludin; der Verf.) meint“ (Bundesverwaltungsgericht 2002).

Nochmals: Wenn also schon nur ein potentielles oder virtuelles – Bundesverwaltungsgericht 2004: „abstraktes“ (2002: „Auf den Grad der Wahrscheinlichkeit einer Beeinflussung der Schüler und des Eintritts konkreter Konflikte mit Eltern kommt es nicht an“) –, besser: irreales Problem gelöst werden soll, war's das dann wenigstens? Keineswegs: Der Staat macht ein Faß auf, das der hysterisierte Bürger trefflich zu leeren verstehen wird, indem nicht mehr, wie Dieter Haselbach schreibt, „die Staatsneutralität, sondern die Neutralität des Körpers von Staatsdienern“ zur Einladung wird, Grenzen auszutesten: „Jedes Kleidungsstück, jede Haartracht, jeder Körperschmuck könnte mit weltanschaulicher Symbolik aufgeladen werden (...) Aus einer ersten Entscheidung erwachsen weitere Abgrenzungen und Ansprüche, die wieder entschieden werden müssen. Jede dieser Entscheidungen wird die weltanschauliche oder religiöse Identität von Gruppen in unserer Gesellschaft verletzen. Staatsbürger aber, die Staatshandeln als Angriff auf ihre Identität erfahren, sind geneigter als andere, sich gegen diesen Staat zu radikalisieren. Religiöse Symbolik ist zu solcher Mobilisierung ein besonders guter Ansatzpunkt.“ Unberücksichtigt bleibt auch die Frage Shirin Ebadis: „Wie verfährt ein laizistischer Staat mit religiösen Eiferern, die rein äußerlich leger daherkommen, also ohne die tatsächlichen oder vermeintlichen Kennzeichen des Fundamentalismus?“

Nicht das Kopftuch ist eine Gefahr für die pluralistische Gesellschaft, sondern das Kopftuchverbot und seine Weiterungen. Ein Jugendrichter forderte in Berlin, Amtsgericht Tiergarten, die Mutter eines Angeklagten auf, ihr Kopftuch abzunehmen. Die Frau schwieg und verließ den Saal. Der Präsident des Amtsgerichts sagte dazu, der Richter habe das Recht, Zuhörer nicht zuzulassen, „die in einer der Würde des Gerichts nicht entsprechenden Weise erscheinen“.

Wenn sich die europäische und deutsche Gesetzeslage im Sinne „vorbeugender Neutralität“ für einen Laizismus entscheidet, der – anders als der französische – damit gerechtfertigt wird, daß die Religionen (in diesem Fall letztlich alle, um keine Diskriminierung des Islams auszusprechen) der gefährliche, weil konfliktgeladene Feind der Gesellschaft sind, dann liegt der Pluralismus im Todeskampf. Denn ist erst einmal in der Schule (der Nation) der sichtbare Unterschied verboten, dann wird die Gesellschaft dem folgen. Wird der Unterschied staatlich für „vorsorglich zu vermeiden“ erklärt, wird er sich gesellschaftlich nicht halten können.

Vorbild Frankreich?

Frankreich. Die Nationalversammlung beschließt am 10. Februar 2004, das Parlament am 3. März 2004 ein Verbot „auffälliger“ religiöser Symbole für Schülerinnen. Staatsdiener dürfen im laizistischen Frankreich sowieso kein Kopftuch tragen. 1989 hatte der Schüler betreffende, jahrelange Kopftuchstreit begonnen. Ein Grundgedanke war sicher der Laizismus, was aber eigentlich absurd ist, weil dieser nie einen des Bürgers, sondern einen des Staates meinte. Aber daran wird bereits erkennbar, daß die laizistische Mentalität dann eben dazu neigt, alles Religiöse aus dem öffentlichen Raum zu verdrängen. Eine weitere Motivation richtete sich gegen den Islam. Nun hat tatsächlich Frankreich traditionell eine sehr viel stärkere Zuwanderung aus Nordafrika, wodurch es zu sozialen Spannungen kommt. Da die maghrebinischen Problemkinder Moslems sind und in ihrer schwierigen Lage ihren Glauben zum Teil im Sinne einer aggressiven Abgrenzung oder gar Gewaltlegitimation verstehen, ist das Thema Islam ein viel heißeres Eisen als bei uns. Laizistisches Naserümpfen über eine Religion, die dezidiert nicht apolitisch sein will, koaliert mit mehr oder minder latentem Chauvinismus gegenüber bestimmten Kulturen. Hinzu kommt der emanzipatorische Beglückungsdrang der Franzosen: Die armen Mädchen vom Kopftuch befreien! (so der Tenor von Premierminister Jean-Pierre Raffarin). Der Leiter der Kommission zur Laizität, der bezeichnenderweise Bernard Stasi heißt: „Für die Muslime stellt die Laizität eine einmalige Chance dar.“ Modernisierung von außen, von oben, mit Gewalt. Aber auch das Christentum war nicht außerhalb der Schußlinie: „Das erste Projekt der Kommission der Abgeordneten schloß auch katholische Privatschulen ein“, was das Verbot religiöser Symbole betrifft, erzählte Marc Stenger, Bischof von Troyes, dem Sender „Radio Vatikan“ (8.12.2003).

Das erste betroffene Schuljahr war noch nicht zu Ende, da trumpfte Bildungsminister Luc Ferry auf: Sollten diskrete Alternativen für die Kopftücher benutzt werden, etwa Bandanas oder Bärte (!), würden sie auch verboten. Zwar soll Präsident Jacques Chirac über Ferry gesagt haben: „Dieser Typ ist eine öffentliche Gefahr (...) Er hat so viel politisches Feeling wie eine Auster", aber man wird sich fragen dürfen, wann die Muslime gezwungen werden, Schweinefleisch zu essen und täglich ein Glas Bordeaux zu trinken ...

Weniger heiter muten die Meldungen über erste Ausschreitungen an: Der Erzbischof von Paris, Kardinal Jean-Marie Lustiger, hat bereits im Januar 2004 „Dutzende von Berichten aus dem ganzen Land erhalten, wonach in jüngster Zeit Christen belästigt wurden, weil sie ein Kreuz trugen. An einer Pariser Universität sei einer Frau das Kreuz, das sie um den Hals trug, von anderen Studenten abgerissen worden. Ordensfrauen hätten gemeldet, sie seien kritisiert worden, weil sie sich öffentlich mit Habit zeigten. Dies sei erst der ‚Beginn einer langen Krise', meinte der Pariser Erzbischof. Das von der französischen Regierung geplante Gesetz könne einen ‚Religionskrieg' auslösen." Ein Bericht der „Frankfurter Allgemeinen Zeitung" bestätigt Monate später nach Beschluß des Gesetzes die Warnungen des Kardinals: „Das Kopftuch-Verbot hatte in Frankreich die Spannungen zwischen den Minderheiten verschärft. Kaum eine Woche vergeht ohne die Schändung eines jüdischen oder islamischen Friedhofs. Die Glaubensgemeinschaften bekämpfen sich gegenseitig und haben der laizistischen Republik den Krieg erklärt" (31.8.2004). Es ist eine

Illusion zu glauben, derartige Verbote stünden für den Schulfrieden. Sie heizen die Stimmung an, so daß sich vom Staat bevollmächtigt glaubt, wer privat gegen die Fremden oder die anderen vorgeht. (Weiter denkt schon Nicolas Sarkozy, Chef der konservativen Regierungspartei UMP und kommende Mann der französischen Politik, der bezweifelt, daß der Laizismus noch zwingend und zukunftsweisend ist.)

Auch in Berlin nehmen die Meldungen von Diskriminierungen von Muslimen am Arbeitsplatz, von Stellenverweigerung aus Gründen der Religionszugehörigkeit zu. Dieser Überschlag von der ressentimentgeladenen staatlichen Haltung zum Exzeß auf unterster Ebene ist sowohl von der Anfangszeit nationalsozialistischer Herrschaft in Deutschland bekannt als auch vom „Anti-Terror-Krieg" der Amerikaner gegenüber ihren Häftlingen.

Ein anderes Beispiel illustriert die Wirkung von Gerichtsurteilen auf die Öffentlichkeit und zurück: Seit das Bundesverfassungsgericht entschieden hat, daß die Tötung von Embryonen nach Beratung zwar rechtswidrig, also illegal, aber nicht strafbar ist, und den Staat verpflichtet hat, für ein ausreichendes Netz an Abtreibungsmöglichkeiten, d. h. Stätten illegaler Tötungen, zu sorgen, ist das allgemeine Bewußtsein in die Richtung abgetrieben, Abtreibungen seien legal. Wer öffentlich sagt, ein Arzt führe rechtswidrige Abtreibungen aus, dem wird dies gerichtlich untersagt: Sind ihre Voraussetzungen gesetzlich geregelt, wirken staatliche und kirchliche Stellen mit, ist eine Abtreibung „nach dem Verständnis eines unvoreingenommenen und verständigen Publikums wenn auch nicht erwünscht, so doch rechtmäßig" (so das vom OLG Stuttgart bestätigte Urteil des Landgerichts Heilbronn von November 2001). Das Bundesverfassungsgericht wußte zwar, daß der Schutzeffekt der Beratungsregelung nur vor dem „Hintergrund einer wachgehaltenen Orientierung über die verfassungsrechtlichen Grenzen von Recht und Unrecht" funktioniert, hat aber die kontraproduktive Stellung seiner diesbezüglichen Weichen verkannt.

Auf diese Weise wird auch die Religionsfreiheit Schritt für Schritt in einem Wechselspiel zerrieben: Die Politik überbietet sich gegenseitig in einem Populismus, wer am schärfsten gegen Terrorgefahr und Überfremdung losgeht (um vor der eigenen Konzeptlosigkeit in der Wirtschafts-, Sozial- und Außenpolitik abzulenken), schürt die Angst vor Islam und Identitätsverlust. Maßnahmen und Gesetze gegen Muslime folgen. Die eingeschalteten Gerichte sind um Frieden bemüht, trauen den Bürgern aber die jahrzehntelang vergötzte Toleranz nicht mehr zu: Die Gesetze werden auf alle ausgeweitet. Die verunsicherte Gesellschaft geht der Politik auf den Leim und nimmt den Ball des Gesetzgebers gerne auf: Neue Streitfälle und Aufgeregtheiten evozieren neue Gesetzesinitiativen. Irgendwann gibt es den Unterschied dann nur noch auf der Ebene von Konsumvarianz (Cola oder Pepsi?) und Statuspotenz (Golf oder Benz?).

Kleine Kulturgeschichte des Schleiers

Als Mohammed den Koran niederschrieb oder niederschreiben ließ, da war eine verhüllende Kopfbedeckung für Frauen keine neue Idee. Sich so zu kleiden, galt als Zugehörigkeit zu gehobenen Ständen, Lüften des Schleiers als sexuelles Angebot. Auch Nicht-Araber pflegten den Brauch, das Haupt der Frau zu verhüllen. Byzantinerinnen und Perserinnen trugen sogar Gesichtsschleier. Woher die Verhüllung des weiblichen Hauptes insgesamt kommt, ist nicht ganz geklärt. Das weibliche Haar galt wohl als extrem verführerisch.

Möglicherweise hat die orientalische Kopfbedeckung mit dem Schutz vor Sonnenglut und Sandsturm zu tun, hat also auch praktische Gründe. Man sehe sich nur einen Beduinen an. Auch das Haupt von Yassir Arafat dürften die wenigsten ohne seinen „Palästinenserschal" gesehen haben. Ein männlicher Massai verhüllt sein Gesicht immer (Massai-Frauen ist es verwehrt), und wer einen kennt, erkennt ihn an der Faltung seines Tuches.

Bereits aus dem 5. Jahrhundert vor Christus wird von Persern, Karthagern und Parthern berichtet, daß die Frauen ihre Häupter verschleierten. In der Antike galt Frauenhaar „als verführerisch und zur Unzucht verleitend" (Jüdisches Lexikon Bd. IV/2, S. 481). Zur gleichen Zeit lebten im Athen des Perikles die Frauen vor allem im rückwärtigen Teil des Hauses, wo kein Besucher hinkam:

Geschlechtertrennung. Im Judentum des Alten Testaments ist eine Gesichtsverhüllung der Frau bekannt, aber keineswegs als allgemeine Bekleidungsvorschrift. Die Braut trug einen Schleier, und die *Kedescha,* „die Geweihte“, auch (Gen 38,14 f.). Hier taucht zum ersten Mal eine ambivalente Bedeutung des Schleiers auf. Die Braut war jungfräulich, aber wer war die Kedescha? Eine Hierodule des kanaanitischen Fruchtbarkeitskults, eine Tempelhure? Jedenfalls war die Wirkung des Haares bekannt: „Wie Purpur sind deine Haare; ein König liegt in ihren Ringeln gefangen“ (Hld 7,6). Im 15./16. Jahrhundert mußten sich in Europa die Frauen der Henker und die Huren auf eine bestimmte Weise verschleiern. Möglicherweise liegt hier der Grund für ein gewandeltes Verhältnis von Scham und Schleier: Ich verberge nicht meine Kostbarkeit, mein zu hütendes Intimes aus Scham, sondern ich muß mich verbergen, weil ich mich schämen muß. Wir werden auf diese Differenz im Schambegriff zurückkommen.

Für die Juden verstieß es von jeher gegen das Schamgefühl, die Schenkel zu zeigen. Wollte man sie als Gefangene demütigen, schnitt man ihre Röcke vorne auf. Bis heute tragen orthodoxe Jüdinnen lange Röcke. Zu Zeiten von Mischna und Talmud bürgerte es sich ein, daß die Frauen nur mit bedecktem Haupt außer Haus gingen. Komplizierte Flechtereien aus Haar und Stoffen entstanden, womit die verheirateten Frauen „aus Keuschheit ihr Haupthaar“ bedeckten (Neues Lexikon des Judentums, S. 740). Diese Sitte war ihnen keineswegs freigestellt: „Folgende Ehefrauen sind ohne Morgengabe zu entlassen: die das mosaische Gesetz und jüdische Sitte übertritt

(...) Jüdische Sitte übertreten heißt, wenn sie mit entblößtem Haupt ausgeht", schreibt der Talmud. Im orthodoxen Judentum ist es also mit sofortiger einseitiger Scheidung sanktioniert, wenn Ehefrauen barhäuptig ausgehen. Warum sieht man dann Jüdinnen selten mit Kopftuch? Im Mittelalter kam die Sitte auf, sich nach der Hochzeit das Haar zu scheren und eine Haube, *kupka* genannt, zu tragen. Im 19. Jahrhundert wurde diese in Osteuropa langsam durch ein „Haarband", eine aus Seide hergestellte Frisur, ersetzt, aus der die Perücke, genannt „Scheitel" entstand. Eine Perücke wie die verheiratete orthodoxe Jüdin heute tragen auch die moslemischen Studentinnen in der Türkei, die mit Kopftuch nicht studieren dürfen.

Das Christentum ist keineswegs frei von solchen Traditionen. Der hl. Paulus gebot den Frauen, ihr Haar zu bedecken. Und auch wenn man den hl. Paulus nicht mag: Seine Briefe sind Bestandteil des Neuen Testaments, des verbindlichen Kanons der Christenheit. In der Heiligen Schrift wird den Christinnen das Tragen eines Kopftuches auferlegt. Selbstverständlich gibt es Übersetzungen, die das anders sehen wollen, aber die „Einheitsübersetzung" ist eindeutig: „Wenn eine Frau kein Kopftuch trägt, soll sie sich doch gleich die Haare abschneiden lassen. Ist es aber für eine Frau eine Schande, sich die Haare abschneiden oder sich kahlscheren zu lassen, dann soll sie sich auch verhüllen" (1 Kor 11,6). Der Kommentar der Einheitsübersetzung, herausgegeben im Auftrag der römisch-katholischen Bischöfe der deutschsprachigen Länder und des Rates der Evangelischen Kirche in Deutschland, schreibt dazu: „Es galt damals unter Juden als unanständig, wenn eine Frau ihr Haar offen trug. Deswegen war es Vorschrift für sie, ein Kopftuch zu tragen, wenn sie ausging. Durch die judenchristlichen Missionare der Frühzeit fand dieser Brauch auch Eingang in die christlichen Gemeinden, wenigstens für den Gottesdienst." Dem Kommentar gelingt dann eine positive Deutung: Die Verhüllung im Gottesdienst ermächtige die Frau, „vor der Gemeinde charismatisch aufzutreten." Die Erläuterungen der „Jerusalemer Bibel" sind da schon weniger emanzipatorisch: Die Verhüllung der Frau sei ein Zeichen ihrer Unterwerfung unter ihren Mann. Sollten die deutschen Kopftuchgegner so fleißige Bibelleser sein, daß sie nicht nur die Stellen bei Paulus, sondern auch die Kommentare der hochgeschätzten Jerusalemer Bibel kennen, und sie ungerechtfertigterweise auf den Islam übertragen?

Das Christentum breitete sich bekanntlich bereits unter Paulus ins Zentrum des römischen Weltreiches aus. Und auch von den römischen Damen wird überliefert, sie hielten als Ehefrauen ihr Haar bedeckt. Der christliche Schriftsteller Tertullian (um 150–220) schrieb in seinem Werk „De virginibus velandis", also „Über die Verschleierung der Jungfrauen": „Ich bitte dich, Jungfrau, verhülle mit dem Schleier dein Haupt! Ergreife die Waffe der keuschen Zucht, umgib dich mit einem Walle der Schamhaftigkeit, baue eine Mauer deinem Geschlechte, die weder deine eigenen Blicke noch die der Vorübergehenden hindurchläßt. Trage das Gewand der Frau, damit du den Stand der Jungfrau bewahrst. Gib dir den Schein, als wärest du das, was du in Wirklichkeit nicht bist, und sei damit zufrieden, daß Gott allein dich kennt."

So schnell war also der christliche Schleier nicht auf dem Garderobenhaken gelandet oder „abgehakt". Im 3./4. Jahrhundert gingen dann in der Nähe des ägyptischen Alexandria die ersten Christen in die Wüste, dem Ort der Mystik schlechthin. Das Schließen der Augen, *myein* (daher „Mystik"), läßt die Welt verschwinden und den Menschen mit Gott allein. Der einzige Ort, an dem dies sehenden Auges möglich ist, ist die Wüste. Die Wüste ist auch der Ort des Todes, des Sterbens in und mit Christus. Seit dem Jahre 315, der Konstantinischen Wende, war das Christentum nicht mehr vom Martyrium bedroht, lag seine Verbürgerlichung nah. Das Urkirchliche, das Echte, das Existentielle galt es zu bewahren. In die Wüste sich zurückzuziehen hieß auch großen Propheten, hieß Johannes dem Täufer und Jesus selbst zu folgen. Die äußere und innere Absonderung von der Welt sollte das Fundament sein, auf dem das vollkommene christliche Leben angestrebt werden konnte. Erste Ordnungen gemeinschaftlichen Lebens in der Wüste, aber auch in Klausuren inmitten der Städte entstanden. Kleiderordnungen gehörten dazu, bereits in der Regel des hl. Pachomius (290–346). Über die antik-römische Sitte, als anständige verheiratete Frau das Haar zu bedecken, ging der „Schleier" auf die Nonnentracht über. Denn die Frauen, die sich für ein Leben im Kloster entschieden, mußten sich gegenüber ihrer Umwelt als irgend etwas zu erkennen geben: Trugen sie keinen Schleier, waren sie Jungfrauen, wollten sie Jungfrauen bleiben, mußten sie einen Schleier tragen wie die Ehefrauen. Dieses Denken ist durchaus verwandt mit dem des Islams, dem zwar Mönchstum als Verirrung gilt, in dem Bekleidungsvorschriften aber auch sexuelle Nichtverfügbarkeit signalisieren. Nur hat das Abendland solche Vorschriften stärker ausdifferenziert: Sie gelten für Stände bzw. Lebensstationen (Jungfrau, Braut, Ehefrau, Witwe, Nonne) – im Morgenland gelten sie für die geschlechtsreife Frau allgemein. Das Abendland begann auch mit der Verhüllung zu spielen: Über Jahrhunderte, von der Rennaissance bis ins 19. Jahrhundert, war die schwarze Samtmaske, die *Loup,* wie sie heute noch im Karneval, vor allem in Venedig, zu sehen ist, ein Dauerbrenner vornehmer Damen. Manche sahen es als Zeichen ihrer Stolzes und Geheimnisses an, daß in Gesellschaft niemand ihr Gesicht sah. Wiederum kann man die Äußerungen junger Muslimas von heute damit vergleichen.

Die zahlreichen Belege über die Verwendung von Kopftüchern und Schleiern auch in Europa ergeben kein einheitliches Bild. Der Schutz der eigenen Person, aber auch der Umgebung vor dem bösen Blick taucht als magische Komponente auf. Im sexuellen Schutzbereich kann der Schleier wiederum Ausdruck jungfräulicher Scham wie im Gegenteil gefährlichster Anziehungskraft sein. Die Verhüllung der Frau beim Kirchgang stand für die Schuld Evas beim Sündenfall, der Brautschleier für Reinheit und Jungfräulichkeit. Der Schleier Mariens hat seine Gestalt möglicherweise vom Schleier der Venus. Aber eines scheint der Schleier zu sein: weiblich. Im Neuen Testament (1 Kor 11) wird die Bedeckung des Hauptes – jedenfalls im Gottesdienst – geradezu zur Signatur des Weiblichen. Der Mann darf sein Haupt nicht verhüllen, die Frau muß es. Verhüllt der Mann sein Haupt, entehrt er es, verhüllt eine Frau das ihre nicht, entehrt sie es. Für den Mann ist langes Haar eine Schande, der Frau eine Hülle.

Die Dichterin Gertrud von Le Fort hat in ihrem Buch „Die Ewige Frau“ eine Symbolik des Weiblichen versucht. Der Schleier kennzeichne bereits das Verborgene der weiblichen Leistungen im Alltag. In den Schleier sei „alles weibliche Geschehen gehüllt“, so sehr, „daß der Mann zuweilen die Frau gar nicht (...) erkennt.“ Umgekehrt werde die Untreue gegenüber ihrem Wesen und ihrer Aufgabe durch das „Fallen des Schleiers“ symbolisiert. An der „Enthüllung“ der Frau wird ihre „Bloßstellung“ im eigentlichen Sinn des Wortes wahrgenommen. Verstanden werden kann das Wesen des Weiblichen für die Katholikin Le Fort nur als Abbild der Gottesmutter Maria. Die existentiellen Lebensstationen der Jungfrau, Braut und Mutter verband sie mit den marianischen Tugenden der Bereitschaft, der Hingabe und der Mitwirkung. Bei allen dreien ist wiederum der Schleier kennzeichnend: „Der Schleier, den die zur Ehe bestimmte Frau, die Braut, am Hochzeitstag trägt, ist nicht nur Symbol ihrer unberührten Jungfräulichkeit, sondern er ist auch symbolisch für das Geschehen der Ehe, dem sie entgegengeht. Derselbe Schleier, der die Braut verhüllt, verhüllt auch die Wiege des Kindes – dies ist der tiefe Sinn der schönen Sitte, das Kind unter dem Brautschleier der Mutter zur Taufe zu tragen.“

Es war also immerhin im 20. Jahrhundert noch so, daß die Verbindung von Weiblichkeit und Verhüllung einen legitimen Platz im Geistesleben Europas hatte, auch wenn der Striptease in dieser Zeit die Gehirne zu erobern begann. Was Verhüllung bedeutet, brachte 1994 der Berliner

Bundestagtabgeordnete Konrad Weiß (Bündnis 90/Die Grünen) im Parlament zur Sprache, als es über die Verhüllung des Reichstags durch den Künstler Christo debattierte: „Die Verhüllung ist keine Entwürdigung. Sie ist Ausdruck der Ehrfurcht und schafft Freiraum zur Besinnung auf das Wesentliche. In der katholischen Liturgie der Karwoche wird das Kreuz verhüllt, um dann am Höhepunkt des Karfreitags feierlich enthüllt zu werden. In der jüdischen Tradition sind es die Thorarollen, die verhüllt werden, um immer daran zu erinnern, wie kostbar das ist, was sie bergen."

Die katholische Liturgie kennt nicht wenige Vorgänge der Verhüllung als Ausdruck höchster Wertschätzung. Das *Velum,* zu deutsch Hülle, Schleier, kommt in verschiedenen Gestalten in der kirchlichen Paramentik vor. Am bekanntesten ist wohl das Kelch-Velum: ein kleines weißes oder in Farbe und Stoff des Meßgewandes gehaltenes Tuch bedeckt den Kelch für den Wein, solange er noch nicht gebraucht wird. Erst zur Gabenbereitung wird der Kelch enthüllt. Am Ende der heiligen Messe wird der Kelch, geheiligt vom Blut Christi, wieder verhüllt. Er ist kein Gebrauchsgegenstand, er ist ein heiliges Gefäß, das der Zelebrant vor Profanierung schützen muß. Die *Pyxis,* der Behälter zur Aufbewahrung der konsekrierten Hostien, wird mit einem weißen, seidenen Mäntelchen verhüllt, dem Ciborium-Velum. Auch die Monstranz, jenes kostbar gestaltetes Gerät zum Zeigen und zur Anbetung des Leibes Christi, wird vom Priester nur mit dem Schulter- bzw. Sakraments-Velum angefaßt. Das zwei bis drei Meter lange und etwas mehr als einen halben Meter breite Tuch aus Seide hat an den Enden innen Taschen, in die die Hände zum Anfassen der heiligen Gefäße gesteckt werden; Schließen halten es über der Brust zusammen. Nur so trägt der Priester die Monstranz mit dem Allerheiligsten und segnet damit die Gläubigen. Die Kirche folgt damit dem antiken Brauch, Heiliges nur mit verhüllten Händen anzufassen. Auch Mitra und Stab des Bischofs werden während der Zelebration der Messe von einem Ministranten gehalten, der ein Schulter-Velum trägt. Die Insignien eines Nachfolgers der Apostel werden nicht mit bloßen Händen berührt.

Durchsichtige Schleier werden zur dezenten Verhüllung von Monstranzen, aber auch von Reliquiengefäßen verwandt. Gerade in der Präsentation von Reliquien werden Abstufungen zwischen Verborgenheit und Sichtbarkeit des sogenannten Heiltums verwendet. Der alte Reliquienschrein aus der Romanik verbarg die Reliquie in seinem Innern, ihre Bedeutung wurde durch das Bildprogramm der Außenseite ersichtlich. Flügelaltäre als Reliquienschreine verfügten sowohl über regalartige Nischen zur Präsentation von Statuetten, Büsten und anderen Reliquiengefäßen als auch über vergitterte, abgedunkelte Kämmerchen zur Aufbewahrung von Gebeinen. Gewiß spielten auch praktische Gründe eine Rolle bei der unterschiedlichen Aufbewahrung der Heiltumsschätze. Aber: „Zwischen Verborgenheit und Sichtbarkeit lebt die *praesentia* des Heiltums, doch das verborgene Heilige mag noch stärker von der Aura des Geheimnisvollen und Numinosen umgeben sein als das Sichtbare“ (Anton Legner). Ein schönes Beispiel für den tiefen Sinn dieses Wechselspiels ist die Aufbewahrung der Sohle des hl. Andreas in Trier. Es ist ein Teil der Sandale eines Apostels, eines jener vom Gottessohn selbst ausgewählten und ausgesandten Männer, die das Evangelium bis an die Enden der damals bekannten Welt brachten. Die meisten bezahlten mit ihrem Leben dafür. Ihre unvorstellbar weiten Wege vom Heiligen Land bis nach Indien oder Mitteleuropa legten sie häufig zu Fuß zurück. Der Ausdruck „per pedes Apostolorum" erinnert noch heute daran. Eine solche Sohle nun, auf der die Nachricht von der Erlösung der Menschheit um die Erde ging, getragen von einem Freund und Gesandten Jesu Christi, bewahrt die Kirche in Trier auf. Der Reliquienschrein ist als Kästchen mit Schiebedeckel gearbeitet. Auf dem Deckel befindet sich die Nachbildung eines Fußes mit Sandalenriemen, vergoldet. Unmittelbar darunter, unter dem Schiebedeckel: die Reliquie. Das Kästchen selbst ist kostbar verziert. Man sieht also einen Fuß, der der des Apostels sein soll, es aber nicht ist. Aber dieser Apostel, seine Berührung der Sohle mit dem Fuß erst, macht die Sohle zur Reliquie. Die Sohle selbst enthält diese Botschaft nicht. Aber eine Andeutung ihrer Kostbarkeit bietet die aufwendige Zier des Kästchens, das etwas enthält, das kostbarer ist als Gold und Edelsteine: ein Stückchen greifbare, wirkliche Heiligkeit. Wie weit sind Christen von ihren eigenen liturgischen Traditionen entfernt, wenn ihnen Verhüllung nur mehr von Unterdrückung zu zeugen vermag, nicht mehr aber von jener Hochachtung, mit der auch der Muslim gehalten ist, seiner verhüllten Schwester im Glauben zu begegnen?

Auch die Frauen mit den Kopftüchern setzen mit ihrer Verhüllung ein Zeichen, daß es etwas gibt, das sie sich von keinem Staat der Erde und keiner noch so modernen Gesellschaft rauben lassen wollen: ihre Religion und ihre Scham. „Und das ausgerechnet im Bereich des Sexuellen! Wo man die Leute einfangen kann, sie manipulieren kann, Milliardengeschäfte machen kann ... Gerade das Sexuelle ist doch das probateste Mittel, die Religion auszutreiben. Mit Sex kriegt man die Religion klein: Die Menschen glauben nicht mehr daran, weil das das Spiel verderben könnte. Und in die Reihen des Klerus fällt der Sexus ein wie der Wolf in die Schafsherde ... Die Öffentlichkeit klatscht und buht zugleich. Und diese fremden Frauen machen den Vorhang zu! Wo doch der sexuelle Schnellzug auf der Schiene der Optik jede Gehirnbahn erreicht! Die Scham wurde umdefiniert: Schämen muß man sich, wenn man etwas falsch gemacht hat. Scham kommt von Schuld. ‚Schäm dich!' Ein reines Erziehungsprodukt ... Unterdrückung des Natürlichen ... Pathologie ..."

Die Frauen mit dem Hidschab wissen, daß Scham nicht einfach – nur negativ, moralisch – die Bedeutung des schlechten Gewissens hat. (In unserem Sprachgebrauch kann Scham diese Bedeutung haben, möglicherweise, weil Adam und Eva erst nach ihrem Sündenfall entdeckten, daß sie nackt waren, und also ihre Blöße – schamhaft – bedeckten.) Scham ist – nicht negativ moralisch, sondern positiv menschlich – ein Gefühl für das zu Bewahrende, das Schützenswerte, weil Kostbare der eigenen Intimität. Die

Peinlichkeit, das Sich-Genieren, das Kaschieren, das sind bereits Ausdrücke der verletzten oder verdrehten Scham. Gesunde Scham ist der natürliche Schutz von etwas Wertvollem, ein Stück Selbstachtung, ein Stück Freiheit. Ich habe etwas, das ich nicht jedem zeige. Es ist sensibel, es ist kostbar, es kann kaputtgehen. Ich möchte es bewahren, um es zu teilen mit dem Geliebten. Wer so fühlt, denkt, spricht, der schützt die Würde der menschlichen Person. Er schützt ihr Besonderes, ihr Intimes vor dem Allgemeinen, vor der Allgemeinheit, vor der Gemeinheit. Er schützt sich letztlich noch nicht einmal selbst, sondern einen Wert, ein Geschenk, einen Schatz. Er schützt es nicht für sich, sondern er bewahrt es für den anderen, für den einen, letztlich für das Miteinander, für die Liebe.

Scham ist ein Kulturphänomen. Es ist eine Schamkultur, in der es Einrichtungen, Ordnungen und Gepflogenheiten gibt, um die Scham zu schützen. Das kann ein privater Raum sein oder Zutrittsregeln zu diesem Raum. Das können Gesten und Worte sein, die der Schamlosigkeit, der Herabwürdigung wehren. Das können Bekleidungsformen sein, die zudringliche Blicke verhindern, die das Sich-Weiden am Menschen nicht ermöglichen, die das Vordergründige des Optischen nicht zulassen.

Tun wir nicht so, als hätten wir das alles nicht (nötig)! Es mag noch so viele Mädchen geben, die sich beim Duschen einem Millionenpublikum im Fernsehen zeigen wollen – die meisten, normalen Frauen und Mädchen duschen in ihrem Bad ohne beliebige Zuschauer. Es mag für Schauspielerinnen oder Sportlerinen noch so „in“ sein, nackt für ein Herrenmagazin zu posieren, die meisten, normalen

Frauen und Mädchen ziehen sich nur für ihren Partner aus, beim Arzt oder an einem anonymen Strand. Auch in Deutschland geht niemand nackt ins Büro oder auf die Straße, und wenn, dann meistens kein zweitesmal. Nur die Grenzen sind fließender, der individuelle Spielraum erscheint größer, das Warum ist irgendwie ausgeblendet.

Wir sind eine Kultur der Zuschauer geworden, der optischen Konsumenten. Was wir selbst niemals tun würden – nicht weil wir feige oder genant sind, sondern weil wir normal sind –, das tun andere für uns vor laufender Kamera. Damit wir uns nicht empören, d. h. auflehnen, hat man die Doppelmoral erfunden: „Wer das nicht lustig findet, der tut es doch selbst, aber viel schlimmer." Wir tun es zwar nicht (außer vielleicht entwicklungsphasenbedingt), wir sehen es uns aber an (weil es alle ansehen), wir finden es lustig (weil es alle lustig finden), wir regen uns nicht auf (weil wir sonst als Spießer gelten). Dieser etwas lächerlichen Kultur aus 10 Prozent Exhibitionisten und 90 Prozent Voyeuren stehen neuerdings ein paar Spielverderber gegenüber, mit einem seltsamen Ernst ausgestattet: die Muslime.

Wiederum wäre es leicht, diesen Ernst einfach nur für ein zu überwindendes Stadium der Menschheitsentwicklung zu halten. Ist es nicht im Gegenteil die Entwicklung unserer, der westlichen Kultur, die schon seit geraumer Zeit Künstlern und wachen Geistern zu denken gibt? Romano Guardini sah in der ersten Hälfte des vorigen Jahrhunderts erstmals einen Film, der im Zeitraffer das Wachsen und Verwelken von Pflanzen zeigte. Zunächst erstaunt, „Entwicklung" auf diese Weise zu erleben, überkommt in schließlich ein viel stärkeres Gefühl, das „einer großen

Schamlosigkeit". Der Geist erlebe bloße Vitaität durchaus nicht schlicht als „unschuldig", er wolle sie eingehüllt: „Er fordert Scham von ihr, als Schutz vor einem Chaos der Verführung (...) weil in ihm selbst die Verführbarkeit, ja schon die Schuld liegt." Das Paradies ist ja nicht mehr. (Damit sind wir wieder bei Adam und Eva.) „Die Scham der Pflanze besteht in der jede unmittelbare Wahrnehmung aufhebenden Langsamkeit ihrer Bewegung. Die war im Fim beseitigt. Damit war ein *pudendum* enthüllt" und Guardinis Schamempfinden berührt. Der Mensch, der auch Pflanze und Tier in sich habe, müsse „die Scham aus dem Geiste aufbauen (...) vom Geist und vom Körper" her. „Der Trieb muß vom Geiste her Scheu und Zucht, Intellekt und Wille müssen vom Körper her Demut und Bindung annehmen." Dies, so Guardini, übersteige die Kraft und bedürfe des Herzens, letztlich der Liebe und Gnade (Das Blumenwunder, in: In Spiegel und Gleichnis, 1932, S. 38–41).

Ein anderer großer Denker des vergangenen Jahrhunderts hat nur wenige Jahre später, 1934, die Frage nach der menschlichen Bekleidung in ihre letzte theologische Tiefe zu führen versucht. Erik Peterson sah darin keine primär moralische, sondern eine metaphysisch-theologische Frage. Auch er setzt beim Sündenfall an, der Nacktheit überhaupt erst gerierte. Ihr schlichtes Unbekleidetsein hatten Adam und Eva ja gar nicht wahrgenommen, weil sie die Gnade Gottes „wie mit einem Gewande umhüllte." Durch die Sünde verloren sie die Gnade und sahen ihren Körper nackt: „ein Körper, dem der Adel fehlt". Durch diese „Aufdeckung" wurde „die Scham" sichtbar, die das „Schamgefühl" wieder bedecken will: „Weil der Leib nicht mehr unschuldig und unvergänglich ist, darum wird er mit einem Gewande verhüllt." Das Kleid des gefallenen Menschen ist so sein „Standeskleid", weil es den Nicht-Gnadenstand ausdrückt. Dieser Gedanke Petersons könnte durchaus eine Hilfe sein, die für unsere Augen wenig attraktiven Hüllen des Hidschab in einen christlichen Sinnzusammenhang zu stellen, auch wenn die Betreffenden aus einer ganz anderen Tradition des theologischen Menschenbildes kommen. Alle schönen Kleider, die wir, auch der Mode gehorchend, besitzen, sind letztlich nur Ausdruck der Hoffnung nach dem verlorenen Kleid, das allein Wesen und Würde des Menschen sichtbar macht. Dieses Kleid ist das Taufkleid. Ein weißes Kleid, das wir unbefleckt wieder vor den Herrn bringen sollen (Erik Peterson, Theologie des Kleides, in: Marginalien zur Theologie, 1956, S. 41–55).

Auf der Hadsch, der gebotenen Pilgerfahrt nach Mekka, tragen die Muslime nur ein weißes Kleid, bestehend aus zwei Tüchern, Männer wie Frauen. Es gibt keine Kopftücher oder Schleier, die Sinne sind auf das Gebet und die Pilgerfahrt gerichtet.

Der Christ legt sein Kleid im Tode ab. Entblößt tritt er vor seinen Gott, in der Hoffnung auf ein Kleid, herrlicher als das der Engel.

Islam contra Emanzipation?

Es gehört zum gesellschaftlichen Konsens der Bevölkerung der Bundesrepublik Deutschland, daß die Emanzipation der Frau ein begrüßenswerter und fortzuschreibender Fortschritt sei.

Man sollte dabei nicht sofort das Grundgesetz aus der Tasche ziehen, denn dessen entsprechende Passagen und die darauf basierende Rechtsordnung standen zu dieser Entwicklung zwar in Wechselwirkung, sind aber nicht mit ihr identisch. Auch sind die Grundrechte in erster Linie zum Schutz des Bürgers vor dem Staat gedacht, nicht zur Kontrolle der Ansichten seiner Bürger. Selbst in der Schule darf von muslimischer Seite ein Islam-Unterricht erfolgen, der in religiösen Einzelfragen von der Verfassung abweicht, entschied das Berliner Verwaltungsgericht am 25. Oktober 2001.

Verbunden mit der Emanzipation im gesellschaftlichen Sinne sind die Selbstverständlichkeit der Berufstätigkeit der Frau, ihre Gleichrangigkeit im ehelichen oder partnerschaftlichen Verhältnis und ihr Selbstbild als das einer autonomen Persönlichkeit.

Autonomie kommt von den griechischen Wörtern für „selbst", *autos,* und für „Gesetz", *nomos.* Autonomie heißt: „Ich selbst bin mein Gesetz." Da heutzutage die wenigsten Menschen mit festen Prinzipien und Lebensregeln durch die Welt laufen, müßte man sagen: Ich tue ausschließlich das, was ich will. Ich akzeptiere nichts über mir, keinen Gott, keine Kirche, keinen Staat, kein Familienoberhaupt. Ich lasse mir von niemandem vorschreiben, wie ich zu leben habe, was ich zu tun und was ich zu lassen habe.

Die Autonomie ist die Basis der Berufstätigkeit (Mitspielen in der Welt und finanzielle Unabhängigkeit) und der Gleichrangigkeit der Frau (Ablehnung von Ein- oder Unterordnung). Sie ist aber auch das Ideal des Mannes und der Kindererziehung. Sie ist der höchste Wert des Menschenbildes in der zweiten Hälfte des 20. Jahrhunderts. Und dieser Wert ist die Essenz dessen, was gerne dem Islam als unverträglich mit unserem Frauenbild vorgeworfen wird, in Wahrheit aber eine Frage des Menschenbildes ist, also beide Geschlechter betrifft. Nur ist der autonome Status der Frau noch vergleichsweise jung, vergleichsweise frisch erkämpft, eben in dieser letzten Jahrhunderthälfte. Der autonome Status des Mannes ging einher mit dem Untergang der beherrschenden Mächte. Zunächst wurde der Mann schlicht mit dem Menschen gleichgesetzt, dann meldete sich seine „bessere Hälfte" zu Wort und wollte das auch. Nur: Die Männer gab es noch. Und als Wirtschaftsbosse, Politiker, Generäle und Professoren wirken sie heute noch da, wo man gemeinhin die Zentren der Macht vermutet. Es war also ein Kampf, bis alle Gesetze, Ordnungen, Denk- und Sprechweisen gleichgeschaltet waren auf: Alle sollen, dürfen, müssen autonom sein, auch die Frauen. Heute kann man sagen, sie sind es.

Man nennt diesen Prozeß Emanzipation. Der heute im Erwerbsleben stehenden Generation ist die Emanzipation der Frau in den Schoß gefallen. Sie wird als etwas derart Selbstverständliches angesehen, daß in der Generation, die noch nicht berufstätig ist, die Behauptung: „Ich bin eine emanzipierte Frau" schon als überflüssig angesehen oder gar nicht verstanden wird.

Diese Selbstverständlichkeit der Emanzipation verschleiert die Wirklichkeit der Emanzipation. Das Selbstbild des Westens, hierzulande sei die Emanzipation der Frau eine Errungenschaft, der nur noch die Spitzenposten in Politik und Wirtschaft sowie die Vereinbarkeit von Familie und Beruf fehlen, ist ein Trugbild. Denn Autononomie heißt selbstbestimmt zu sein, nicht fremdbestimmt. Und es gehört zu den hehren Grundlagen des neuzeitlichen Menschenbildes, daß der Mensch nach Immanuel Kant niemals als bloßes Mittel, sondern stets als Selbstzweck zu sehen sei. In der Tat sind aber die Manipulation und Verzweckung, Verdinglichung des Menschen zum und als Objekt von Sexualität, Kommerz und Status im Westen nirgendwo so drastisch wie beim Bild und bei der Rolle der Frau, ein Zustand, der vom Feminismus und vom Christentum gleichermaßen kritisiert wird. Denn man braucht sich nur einen Werbeprospekt mit Kleidung für kleine Mädchen anzusehen, und sofort fällt einem die Imitation der auf Erotik getrimmten Mode der jungen Erwachsenen auf. Dann begebe man sich auf einen Schulhof, wo einem 12jährige entgegenkommen, bauchfrei, Nabel gepierct, auf der Rückseite weist ein Tattoo den Weg Richtung Schlüpfer und Gesäßspalte. In der Schultasche steckt ein Bravo-Heft, das traditionell eine „Aufklärung" über „das erste Mal" enthält. Und damit bei der „natürlichsten Sache der Welt" nichts „passiert", d. h. die natürlichsten Konsequenzen der Welt, nämlich die Zeugung eines Kindes, nicht auftreten, gehen schon Kinder zum Gynäkologen, der ihnen die Pille verschreibt. Trotzdem nehmen Teenagerschwangerschaften zu. Zunehmen tun auch die Fälle, in denen nicht mehr nur Diät- und Fitneßwahn die armen Körper quält, sondern Näschen auf Starletformat zurechtgeschnipselt und Brüstchen auf Pamela-Volumen aufgepumpt werden, angeregt durch ganze

Vorabendserien. Die medizinische Zurichtung des Weiblichen beginnt mit der Einnahme hormoneller Verhütungsmittel in der Kindheit und setzt sich fort durch chirurgische Schönheitskorrekturen bei der jungen Erwachsenen. Dies hat ausschließlich den Zweck, die sexuelle Attraktivität und Verfügbarkeit zu gewährleisten. Weiters hat sich die junge Frau im Berufsleben zu bewähren, wenn nicht gar eine gewisse Karriere zu machen. Ist der Hafen der Ehe erreicht, wird erwartet, daß sich irgendwann wenigstens *ein* Kind einstellt. Mitunter wird sogar biomedizinisch nachgeholfen, wenn es schon auf die Vierzig zugeht. Zwei Jahrzehnte hormoneller Manipulation hat frau dann schon hinter sich. Ist das Statussymbol Kind endlich da, melden sich erneut die Meinungsmacher aus dem Kreis der Medien, der Freundinnen und selbst der Familie zu Wort, die davor warnen, zu lange beruflich auszusetzen und die Karriere vollends zu opfern, abgesehen davon, daß hoher Lebensstandard, niedrige Gehälter und Sozialkürzungen alle Erwachsenen in die Erwerbsarbeit drängen. Und „Muttertiere" – wie es so menschenfreundlich in Frauenzeitschriften heißt – sind nun mal gar nicht sexy! Also, nach einem, maximal drei Jährchen, sonst fällt einem ja bekanntlich die Decke auf den Kopf, sitzt Mama wieder am Bürobildschirm. Bald kommt sowieso die Midlife Crisis, die bekanntlich noch keine Erdenbürgerin ohne erneute Hormongaben überstanden hat. Nun ja, mittlerweile sind die Ärzte da etwas vorsichtiger, auch ihrer Gebärmutter werden Frauen heute nicht mehr beim geringsten Anlaß beraubt. Aber auf jeden Fall gilt es nun, den Alterungsprozeß – wie unnatürlich! – aufzuhalten. Kleine Spritzchen und OPchen, Wellness- und Beautyfarmen müssen Fitneß und Diät ergänzen. Und warum das alles? – Um immer noch irgendwie sexy rüberzukommen! Denn die Welt der Bilder, Töne und Slogans ringsherum verbreitet nicht nur den Stimulus „kauf! zahl! konsumier!", sie gebiert auch fortwährend eine gigantische Hydra an Sexsymbolen: Models, Beauty-Queens, Schauspielerinnen, Kino-Romanzen und Promi-Liebeleien, chromblitzende Superautos und immer neue Sexyoutfits.

Gewiß, nicht jede Frau macht „das volle Programm" mit. Aber die wenigsten entziehen sich ganz. Denn obwohl die letzten 50 Jahre gerade einmal 0,5 Prozent der Geschichte der zivilisierten Menschheit ausmachen und sich die Herausbildung dieser karikierend typisierten Frauenbiographie auf eine deshalb gerade aussterbende Population namens Westmensch beschränkt, wird so getan, als handle es sich hierbei um eine absolut gültige Norm des Frauseins. Nur Menschen mit einer tiefen religiösen Überzeugung, einem klaren Ideal des Menschseins und verbindlichen Wertmaßstäben haben einen Grund, das ganze Spielchen gar nicht oder nur selektiv zu betreiben. Hinsichtlich des Verhaltens in der Öffentlichkeit, also hinsichtlich Bekleidung und Flirts, verweigern sich generell gläubige Frauen des Islams und des orthodoxen Judentums, tendenziell auch gläubige Frauen des Christentums. Nur die Muslimas fallen wegen ihrer Zahl und ihrer Kopfbedeckung als solche „Verweigerer" auf. Dies könnte einer ach so toleranten Gesellschaft schnuppe sein („Selber schuld!"), ist es aber offenkundig nicht. Bei „Sexverweigerern" wird der ach so Tolerante ganz schnell ganz spießig. Denn Sex ist ein gigantischer Markt, Sex ist ein Werbemittel erster Klasse, Sex ist Premiumbestandteil modernen Lifestyles. Aber der Preis, den die Frauen diesem Götzen entrichten müssen, ist sehr hoch. Und man mache sich keine Illusionen, daß die Teilnahme an diesem Kult freiwillig ist. Die Abrichtung beginnt mit der ersten Wirkung der Werbung in Kombination mit dem Druck „der anderen", also spätestens im Kindergarten (in den ja nahezu jede Mutter ihr Kind schickt, weil ... siehe oben). Konsum- und Spielprodukte zu kennen und zu haben ist erheblicher Bestandteil des Dabeiseins. Früh übt sich, wer die Interaktion zwischen Gesellschaft, Geschäft und beider Geschöpf sein Leben lang erfolgreich praktizieren soll. Das ist mit Anpassungsschmerzen und Ausgrenzungsängsten verbunden, ein Leben lang. Was mache ich mental mit jemandem, der sich die Freiheit nimmt, anders zu sein, der die Kraft hat, das wegzustecken? – Ich hasse ihn dafür. Dabei hilft mir die Illusion, ich sei Teil einer freien Gesellschaft, der andere sei Teil einer bedrohlichen Gegenmacht, die mich meiner Freiheit berauben will. Und hat nicht jahrzehntelang selbst der konservativste CDU-Politiker stets im Brustton der Überzeugung verkündet, wir lebten in der freiesten Gesellschaft, die es je auf deutschem Boden gegeben hat? Und was soll es denn sein, wenn nicht Freiheit, wenn ich (das nötige Kleingeld vorausgesetzt) überall hinfahren kann, wenn ich (die nötige Attraktivität vorausgesetzt) mit jedermann Sex haben kann, wenn ich (wieder das nötige Kleingeld vorausgesetzt) mir alles kaufen kann? Daß ich das nötige Kleingeld besorgen *muß*, daß ich die nötige Attraktivität herstellen *muß,* daß ich da und dort gewesen sein *muß,* daß ich dies und das haben *muß,* daß ich Sex haben *muß,* das wird von den meisten Menschen entweder nicht gesehen oder verdrängt. Und dieses Verdrängte kehrt wieder in Gestalt jener Menschen, die hier offensichtlich nicht richtig mitspielen.

Nun könnte man – frau vielleicht nicht – sich zurücklehnen und sagen: „Zugegeben, das ist schon eine Augenwischerei mit der Emanzipation, aber was soll's, so lange der Laden läuft ...?!" Er läuft aber nicht mehr. Der Kollaps der sozialen Sicherungssysteme steht unmittelbar bevor, nicht nur wegen der hohen Arbeitslosigkeit, sondern weil die Beitragszahler fehlen. Das wird sich durch staatliche Flickschusterei – Förderung privater Altersvorsorge, Verbesserung der Vereinbarkeit von Familie und Beruf durch Vaterschaftsurlaub, Ausbau der kollektiven Kinderverwahranstalten, Förderung von Teilzeitarbeitsplätzen etc. – nicht gravierend ändern. Denkverbote unter dem Gebot, nur eine berufstätige Frau sei eine gute Frau, wehren allen Ansätzen, die dem Humanum aller Zeiten und Kulturen entsprechend den traditionellen Mutter- und Hausfrauenstand politisch gesellschaftlich aufwerten möchten, sei es durch ein Hausfrauengehalt, ein Familienwahlrecht oder steuerliche Besserstellung. Wer dergleichen fordert, der wird bestenfalls totgeschwiegen, sonst aber als übler Reaktionär behandelt, der von Glück sagen kann, wenn man ihm nur vorwirft, „die Frauen zurück an den Herd schicken zu wollen", denn die größere Keule steht schon parat: „Ob er denn auch das Mutterkreuz wieder einführen wolle?"

Denn die realexistierende Emanzipation gilt unumstößlich als Vorstufe zur Utopie des autonomen Menschen. Man hat zu Recht darauf hingewiesen, daß es vollkommen konsequent ist, keine Kinder aufziehen zu wollen, wenn man autonom sein möchte. Denn jedes Kind bindet einen etwa 20 Jahre – in vielerlei Hinsicht. Eine Beziehung kann man beenden, eine Ehe scheiden, einen Job kündigen, ein Auto oder ein Haus verkaufen. Ein Kind kann man höchstens umbringen (zur Adoption freigeben „macht man nicht"), und das geschieht auch, unter Beteiligung beider Geschlechter sowie gegen ihren hippokratischen Eid verstoßender Ärzte, vor der Geburt, weil's da nicht so auffällt und nicht strafbar ist (übrigens laut Bundesverfassungsgericht nach wie vor rechtswidrig, also illegal, verboten). Es sind schon Rechnungen aufgestellt worden, wieviele Menschen in der zweiten Hälfte des 20. Jahrhunderts in Europa oder Deutschland umgebracht worden sind, bevor sie das Licht der Welt erblickten. Da kommen durchaus Zahlen zustande, deren Dimension man sonst nur aus den Mordstatistiken der großen totalitären Regime, des Nationalsozialismus und des internationalen Sozialismus kennt.

Es wäre aber eine reichlich verkürzte Sicht der Dinge, diese letzte, tödliche Konsequenz des autonomen Menschen allein den betroffenen Frauen anzulasten. Denn wer hat sie einst erzogen, wer hat sie dahingehend unterrichtet, ihre Leibesfrucht könnte auch einmal zur Disposition stehen? Wer hat ihnen erzählt, es sei Folge und Ausdruck ihrer Befreiung, daß ein Mensch getötet werden darf? Wer hat ihnen beigebracht, daß ein Mensch kein

Mensch sei, sofern er noch im Mutterleib, in ihrem Leib weile? Daß sie also ein sich aufblähendes Stück ihres Bauches neun Monate mit sich herumtrügen, das sich im Geburtskanal abrakadabra in einen Menschen verwandle? Wer hat diesen Lehren – „Mein Bauch gehört mir!“ – zugehört, ohne Einspruch zu erheben; wer hat sie wiedergegeben, ohne rot zu werden; wer hat sie vervielfältigt, ohne schlaflos zu werden? Wer hat die Abtreibungszahlen gefälscht, mutwillig in die Höhe getrieben, um zu belegen, daß es auch gegen das Gesetz geschehe, und zwar wachsend, sich steigernd, so daß es besser wäre, die Flut der Verbrechen gleich in die lindernden Bahnen ihrer Legalisierung zu lenken? Wer hat die Gesetze geschrieben, wer hat ihnen zugestimmt? Wer hat diese Leute gewählt? Wer hat zur Abtreibung gedrängt, wer hat geschwiegen, wer hat sie durchgeführt?

Es ist nahezu die gesamte Gesellschaft. Denn dieser Gesellschaft ist nichts mehr anderes geblieben. Der Mensch arbeitet, um Geld zu haben, um sich möglichst alles kaufen zu können: finanzielle Autonomie. Der Mensch kauft sich ein Auto oder ein Flugticket, um damit überall hinzukommen, wo er will: mobile Autonomie. Der Mensch stattet sich mit verschiedenen Gerätschaften aus, um ständig und überall auf allen möglichen Wegen mit jedem X-Beliebigen in Kontakt treten zu können: kommunikative Autonomie. Der Mensch staffiert sich mit Kennzeichen erotischer Anziehungskraft (Statussymbole, Aussehen, Flirttechniken) und Mitteln sexueller Verfügbarkeit (Kontrazeptiva) aus, um jederzeit Geschlechtverkehr anbahnen oder durchführen zu können: sexuelle Autonomie. Der Mensch ordnet den Staat nach Gesetzen, die es ihm ermöglichen, menschliche Bindungen nach Belieben zu gestalten (Ehe, Homo-„Ehe", Scheidung, Abtreibung, Adoption, Biomedizin, Euthanasie): soziale Autonomie.

Was dieser Autonomie im Wege stand, das wurde und wird abgeschafft oder neutralisiert. Die Kirche wird jedenfalls in Deutschland weder als Kontrapart noch als Widerstandsnest gegen die Dikatur der Autonomie wahrgenommen. Das heißt nicht, daß sie es nicht wäre. Aber damit das keiner merkt, ist eine Christentümelei entstanden, die sich in das religiöse Wellness-Angebot einfügt, indem sie dem Menschen seine Autonomie beläßt. Autonom wie er ist, sucht er sich sonst ein Büchlein mit irgendwelchen Weisheiten, eine Gruppe zur Meditation oder zur „Körperarbeit", einen Astrologen oder Therapeuten. Diese Angebote lassen sich kaufen. Sie sind Konsumartikel. Sie verpflichten zu gar nichts.

Den Islam kann man nicht kaufen. Den Islam kann man nicht abschaffen. Den Islam kann man nicht neutralisieren. Und sein Name ist Unterwerfung, Unterwerfung unter den Willen Gottes: Theonomie.

Das christliche Abendland löst sich in der Autonomie des Westens auf wie ein Eiswürfel im Coca-Cola. Eine wachsende Zahl von Muslimen denkt nicht daran: Die bleiben einfach, wie sie sind. Oder werden wieder, wie sie schon immer waren. Sie widerstehen der Autonomie. Und vermehren sich.

Der deutsche Bundeskanzler Gerhard Schröder sprach mit der türkischen Führung über die Installation eines religiösen Gebildes für die Muslime in Deutschland, über eine Enrichtung, in die man sie einbinden könnte, um sie weichzukochen. Die verdauliche Speise soll den Namen Euro-Islam tragen, ein Begriff, den man bei Bassam Tibi findet. Die Aktion Schröders widerspricht dem neutralen Staat des Grundgesetzes. Demnach hat sich der Regierungschef nicht zum Anstaltsleiter eines Umerziehungslagers für Muslime aufzuschwingen. Diese Umerziehung hält er in der Türkei offenbar für geglückt, ist doch der militärisch strengbewachte Staatsapparat der einzige im Orient, der den Islam zurechtgestutzt hat auf die Erfordernisse der weltlichen Macht. Mustafa Kemal, genannt Atatürk, verpaßte seinem Volk gewaltsam ein westliches Antlitz, einschließlich Bekleidungsvorschriften. Der Staat greift über ein Ministerium direkt in die religiösen Angelegenheiten ein. Herausgekommen ist aber nach 80 Jahren keine multireligiöse Gesellschaft, im Gegenteil. Das Istanbul Ende des 19. Jahrhunderts war eine multiethnische, multikulturelle und multireligiöse Stadt, kosmopolitischer als Paris oder Berlin. Die Türkei von heute besteht zu 95 Prozent aus Muslimen türkischer Art. Christen und andere führen ein klägliches Schattendasein. Es gibt keine Religionsfreiheit in der Türkei. Der heutige Ministerpräsident Erdogan kam vor ein paar Jahren ins Gefängnis, weil er als Politiker ein religiöses Gedicht aufsagte (das sich auch noch ein bißchen kämpferisch anhörte). Seine Frau und die Frauen seiner Parteifreunde tragen selbstverständlich Kopftücher, mit denen sie nicht einmal die Universität ihres Heimatlandes besuchen dürfen. Angesichts dessen kann man darüber nachdenken, ob beim EU-Beitritt der Türkei nicht zwei Züge aneinander vorbeifahren, die sich für einen Zug halten: Die europäische Linke will via Vermehrung dankbarer Türken in Deutschland ihre Stammwähler vergrößern (Ziel 1) und den Islam laizistisch neutralisieren (Ziel 2). Die türkische Regierung will via EU-Beitritt ihre Wirtschaft ankurbeln (Ziel 1) und den Islam vom Laizismus befreien (Ziel 2). Beide würden (kurzfristig) ihre Macht erhalten (via Ziele 1). Europa wäre (mittelfristig) keine Macht mehr (Ziel der USA). Europa wäre (langfristig) islamisch.

Gegen solche, in den USA stets ungeniert ausgesprochene Strategieziele gab es historisch schon einmal Widerstand. Wir haben ja bereits gesehen, daß sich unter dem Kopftuch junger Frauen Einstellungen finden lassen, die wir als modern bezeichnen würden, vielleicht sogar als emanzipiert: Selbstbewußtsein, Selbstachtung, Wissensdurst, Engagement. Im letzten Jahrhundert haben solche Frauen durchaus Politik gemacht: Sie haben am Aufstand ihrer Völker gegen Fremdherrschaft und Unterdrückung ihrer Kultur und Religion teilgenommen. In Algerien (hierzu Frantz Fanon) beispielsweise war es das erklärte Ziel der Franzosen, den Frauen den Schleier herunterzureißen, um sich der widerständigen islamisch-maghrebinischen Kultur zu bemächtigen. Hatte ihn einmal eine abgelegt, wurde sie groß herausgestellt. Und in ihren Träumen hielten die Kolonialherren die algerischen Muslimas für Frauen, die in Wirklichkeit die Lüsternheit in Person waren ...

Die Algerierinnen nützten sowohl die Anonymität des Schleiers als auch die französische Freude an der „zur Moderne bekehrten“ Muslima für den Befreiungskampf ihres Volkes aus. Auf die Gefahr hin, von den Franzosen zu Tode gefoltert zu werden, leisteten sie wichtige Dienste im Widerstand. Die Franzosen zogen schließlich ab. Und Algerien wäre demokratisch gewählt Jahrzehnte später fast muslimisch regiert worden, hätten nicht die Militärs dies gewaltsam gestoppt. Der blutige Kampf von Terror und Gegenterror, Lügen und Unterdrückung hält bis heute an.

Im Iran spielten Frauen eine aktive Rolle im Kampf gegen die Pahlewi-Dynastie, gegen die bei uns die Studenten demonstrierten. Inspiriert von Kemal Atatürk, der durch seinen radikalen Laizismus schon in der Türkei Religion und Kultur seines Volkes gewaltsam auf Westkurs gebracht hatte, verbot Reza Khan den persischen Frauen, sich nach jenen Vorschriften zu kleiden, die ihnen ihre Religion und Sitte gebot: „Diese Bekleidungsvorschriften sind tief im Denken der Menschen verankert. Als Schah Reza 1935 im Zusammenhang mit seinem Bemühmen, den Iran zu modernisieren, den Chador verbot, weigerten sich viele fromme ältere Frauen, überhaupt noch auf die Straße zu gehen. Einige Väter untersagten es ihren Töchtern, weiterhin die Schule zu besuchen. Für tiefreligiöse Muslime ist ein Nichtverhüllen des Gesichts gleichbedeutend mit schamloser Nacktheit“ (McNeill, Das Gesicht, S. 373).

Nutznießer der Reformen Rezas waren Militär, Beamte und Großgrundbesitzer. Sein Sohn Schah Mohammed Reza, Vasall der Westmächte und Despot seines Volkes, wurde zum militärisch gestützten Ausverkäufer der (Öl- und Gas-)Ressourcen seines Landes an die Amerikaner, (in deren Gefolge) die Europäer und (zum Ausgleich) die Russen. Während der Schah sein Land kulturell vergewaltigte, um es auf Westkurs zu trimmen, drückten die Polizei und der berüchtige Geheimdienst Savak die Widerstände nieder. Selbst in Berlin kam es 1967 zu Demonstrationen der Studenten wegen der Anwesenheit des Schahs, der sonst nur wegen der Pracht seiner jeweiligen Gattin deutsche Herzen bewegte. „Amnesty International" bezifferte die Anzahl der politischen Gefangenen für 1977 auf 25.000 bis 100.000. Der Widerstand gegen Korruption, Verwestlichung und Unterdrückung wuchs, angeführt von der schiitischen Geistlichkeit. In den großen Demonstrationen von 1978/79 verschleierten sich viele durchaus aufgeklärte Iranerinnen freiwillig – als Bekenntnis zu ihren religiösen Wurzeln und aus Protest gegen den Schah, den sie stürzen wollten. Getragen von Massendemonstrationen tschadortragender Frauen kehrte Ayatollah Khomeini aus dem Exil zurück und übernahm die Macht. Ein halbes Jahrhundert nach der gewaltsamen Modernisierung erlebte der Iran 1979 eine islamische Revolution, und der erste islamische Gottesstaat wurde gegründet. Noch im Spätsommer 1984 protestierten Tausende von verhüllten Frauen aus den Elendsvierteln Süd-Teherans in Sprechchören gegen die „Nackten", das heißt europäisch Gekleideten, Frauen aus den bürgerlichen Kreisen im Norden der Stadt. Dieser Sprachgebrauch ist auch in Marokko üblich: *aryana* – nackt – unverschleiert. Mohseen Massarat schrieb dazu: „In Iran führten die Mullahs den Schleierzwang wieder ein und verletzten dadurch die Würde und Identität derjenigen Frauen, die keinen

Schleier tragen wollten, sie eröffneten jedoch zugleich der großen Mehrheit von traditionalistisch erzogenen Mädchen und Frauen den Zugang zu höheren Schulen und zum öffentlichen Leben, von dem sie bis dato gänzlich ausgeschlossen waren. Inzwischen liegt der Anteil der Frauen an iranischen Hochschulen bei 60 Prozent. In der Türkei beispielsweise, wo dagegen nach wie vor ein Schleierverbot in öffentlichen Einrichtungen besteht, bleibt der Zugang zu höherer Bildung und zum öffentlichen Leben der übergroßen Mehrheit jener türkischer Frauen versperrt, die dem traditionellen Segment der Gesellschaft angehören. Daraus folgt nicht, der Türkei die ‚iranische Lösung' zu empfehlen. Vielmehr ist es höchste Zeit, daß sowohl die Türkei das Kopftuchverbot und der Iran den Schleierzwang aufheben und dem Unrecht der Diskriminierung türkischer Frauen, die das Kopftuch tragen wollen, und iranischer Frauen, die den Schleier nur gegen ihren Willen tragen, ein Ende setzen. Das Selbstbestimmungsrecht der Frauen ist in beiden Ländern ein Gradmesser der Demokratisierung, die allein eine Grundlage für Meinungsvielfalt wie die friedliche Koexistenz verschiedener Lebensweisen ist. Mit einem Kopftuchverbot würde sich Deutschland ein Stück weit den Gepflogenheiten der Türkei und Irans annähern."

Kopftuchgegner

Man kann die Bewertung der Frauenfeindlichkeit des Islam als scharfen Ablehnungsgrund dieser Religion durch den Bundesbürger in Frage stellen, wenn man die eigene, christliche Geschichte ein wenig ins Licht rückt. Aber es bleibt noch ein anderes Motiv contra Islam im Dunkeln, dem wir uns ein wenig nähern wollen.

Während die einheimische Bevölkerung in Deutschland schrumpft, nimmt die ausländische zu. Während christliche Kirchen umfunktioniert und verkauft werden, kommt es immer wieder zu Neubauten von Moscheen. Während Weltgestaltung aus christlichem Geist kaum mehr wahrnehmbar ist, drängen sich Terrorakte ins öffentliche Bewußtsein, die islamistisch genannt werden. Die Gegenüberstellungen ließen sich fortsetzen, mehr oder weniger glücklich, mehr oder weniger zustimmungsfähig. Aber sie verleihen einem Unwohlsein Ausdruck, das Merkmale der eigenen Identität im Schwinden sieht, Merkmale einer fremden im Kommen. Deutlichstes, alltäglichstes Merkmal der fremden Identität sind Frauen, von deren Haut nurmehr die des Gesichts und der Hände zu sehen sind, Frauen, deren Figuren verhüllt sind von einem weiten Gewand. Nonnen? Nein, Muslimas, wie sie sich selbst nennen. Nonnen sieht man immer weniger, und wenn dann tendenziell weniger verhüllt, weniger leicht zu erkennen. Die christliche Kultur scheint heimlich beschlossen zu haben, in der Masse aufzugehen wie das Mehl in der Multikulti-Pizza (dabei war doch immer von Sauerteig und Salz die Rede ...), die muslimische scheint ihre jahrhundertealten Backrezepte in einer Treue und mit einem Stolz zu tradieren, da kommen nicht einmal die Großmütter aus der TV-Werbung mit. Spaß beiseite: An Multikulti haben wir uns mehr oder weniger gewöhnt, an Muslimkultur nicht. Warum eigentlich nicht?

Der Multikulturalismus ist das ungezogene Kind des Pluralismus, er verlängert den bürgerlichen Liberalismus in die Sphäre eines emanzipatorischen Anarchismus hinein. Der höchste Wert des Liberalen ist die Freiheit. „Jeder soll nach seiner Façon selig werden." Der Liberale zitiert gerne den alten Fritz. Der meist jovial vorgetragene Satz impliziert für den Liberalen jedoch, daß es in der Religion um nichts anderes zu gehen habe als um das individuelle Seelenheil: Religion im stillen Kämmerlein. Eine Angelegenheit, die politisch irrelevant ist. In letzter Konsequenz ist sie wohl an sich dem Belieben anheimzustellen. So wie der eine eben Kleingärtner ist und der andere Modellflugzeugbauer, so wie der eine die Juristerei studiert und der andere die Medizin, der eine Sozialdemokrat ist und der andere bürgerlich-konservativ, so ist der eine eben Katholik, der andere Protestant, ein paar sind Juden, und wer nicht will, glaubt gar nichts. Pluralismus im bürgerlichen Rahmen.

Der Multikulturalismus wollte diesen Rahmen sprengen. Im Gefolge der 68er war es schick geworden, in irgendwelchen Kommunen ein schmuddeliges Halligalli zu veranstalten, mit langen Haaren und runder Drahtbrille im klapprigen VW-Bus Richtung Südost zu knattern, um Erleuchtung per Bhagwan und Bewußtseinserweiterung via verbotener Substanzen zu erlangen. Irgendwann ging das dann im Englischen Garten in München auch. Die Gastarbeiter wurden sowieso immer mehr, weil weder Hippies noch Bürger ihren Müll wegbringen und ihre Infrastruktur saubermachen wollten, von schweißtreibenderen Arbeiten wie Bergwerk und Baustelle ganz abgesehen. Dann kamen auch noch Asylbewerber und ausländische Studenten. Andere Lebensformen, das hieß andere Hautfarben, andere Sprachen, andere Gewürze, andere Gerüche, andere Kleider, andere Bräuche, andere Märchen, das hieß Festival und Stadtteilfest, Flohmarkt und Dritte-Welt-Laden, Menschenrechte und internationale Solidarität. Einordnung (für einen Liberalen z. B. in Parteien, Vereine, Gewerkschaften – Bürgertum) oder gar Unterordnung (z. B. unter bürgerliche Tugenden, christliche Moral oder väterliche Autorität) war spießig, oder schlimmer: faschistoid. Frankfurter Schule plus Ethnopluralismus. Religion war selbstgebastelte Spiritualität zwischen Tee und Räucherstäbchen. Auch die Teilnehmer von Kirchen- und Katholikentagen schmeckten auf der Multikulti-Pizza nicht gerade nach Weihrauch und Klosterbier.

Doch der Multikulti-Pizza ward kein anderes Schicksal beschieden als den Küchen Italiens oder Chinas in Düsseldorf oder Altötting. Sie wurde ihrer Schärfe beraubt und integriert. Der Markt entdeckte sie und machte sie zu rentablen Einheiten für den Massengeschmack. Heute sind indische Informatiker genauso angezogen wie Gelsenkirchner Werbefritzen, während der Pizza-Service in Augsburg auch Nasi Goreng liefert und der katholische Buchversand Feng-Shui-Aroma-Funzeln. Der türkische Gemüseladen führt auch griechischen Ouzo und persischen Basmati-Reis, aber einkaufen tun dort reinrassig arische Damen, um das neueste Rezept der Vogue auszuprobieren. Türkischen Gastarbeitern, griechischen Restaurantbesitzern und iranischen Asylanten ist der Laden zu teuer, die gehen zu Aldi und sparen auf einen BMW. Geblieben ist der wahlberechtigten Bevölkerung aus dem klassischen Liberalismus die Überzeugung, Religion sei Privatsache (1), aus der 68er-Bewegung der stets leicht beleidigte Trotz wider Autorität und Unterordnung (2) und aus dem Multikulturalismus die Toleranz genannte Angst vor benennbarer Identität (3). Das ist der Pluralismus von heute.

Und jetzt kommen Leute, die stellen sich da quer: Muslime. Sie kommen aus einer Tradition, in der Religion Politik impliziert (1), aus einem Glaubenssystem, das man mit dem Wort Unterwerfung (wörtlich: Islam) übersetzen kann (2), und sie bestehen auf ihrer Identität (3). Dazu gehören Kopftücher.

Eine große Koalition fand sich über Partei- und Landesgrenzen hinweg, als es darum ging, Lehrerinnen mit Kopftuch zu verhindern. Der Angriff richtet sich gegen eine fremde Religion mit ungewöhnlicher Kopftracht. Der deutschen Mehrheit fröhlicher Neuheiden könnten exotische Kopfbedeckungen ebenso egal sein wie sie fremde Religionen interessant findet. Immerhin sind Sufi-Mystik und tanzende Derwische – trotz islamischer Herkunft – selbstverständlicher Teil der Esoterik-Kultur. Was spricht dann gegen den Islam und seine Kleider? Seine archaische Rauheit kann es nicht sein, schließlich sind Runen und Ragnarök weder ursprünglich noch historisch Ausdrücke zarter Gesinnung und milder Denkungsart und gehören als Teile des Kelten-Kults doch auch zum Reiseprospekt der Suchenden.

Eine Erklärung wäre, daß auch teutonische Neuheiden erheblich stärkere christliche Wurzeln in sich tragen, als ihre autonomieselige Gemütslage wahrhaben möchte.

Diese Rudimente bedeuten keineswegs eine eingefleischte Islamophobie des Christlichen Abendlandes. Bei aller Hin- und Hereroberung gaben die Heiligen doch oft ein ganz anderes Vorbild als das des großen Hauens und Stechens: Der hl. Franz von Assisi lernte von den Moslems das Sich-zu-Boden-Werfen beim Gebet und importierte den Muezzinruf als Angelusläuten. Die Theologie des hl. Ignatius von Loyola hat man schon strukturell in die Nähe des Islams gebracht. Der demnächst selige Charles de Foucauld ist ein Märtyrer für die Freundschaft zu den Muslimen, mittlerweile sind ihm in Algerien weitere Christen in den Tod gefolgt

Die verborgenen christlichen Wurzeln unserer Gesellschaft geben den Menschen möglicherweise ein tiefes Bewußtsein vom wahrlich Not-Wendenden des christlichen Tuns und Glaubens. Wenn man sich nun vergegenwärtigt, daß Mohammed nicht auf den heidnischen Wüstenreligionen der Araber aufbaute, sondern ganz bewußt auf dem Monotheismus der „Schriftleute", also der Juden und Christen, deren Offenbarung er abzuschließen gedachte, dann könnte man die These wagen, es sei das schlechte Gewissen hinsichtlich der Entfremdung vom eigenen Glauben, der als verzerrte Projektion im ungenierten orientalischen Gottesmann vor den Augen der deutschen Neuheiden steht. Der Islam ist dem christlichen Restbewußtsein zu nah, um als einer der hedonistisch ausprobierten Fremdkulte akzeptabel zu sein. Im Gegensatz zu diesen, deren echte Praktizierung hierzulande kaum stattfindet – da kann man sich also getrost Illusionen über ihren Liebreiz hingeben –, wird der Islam mit mehr oder weniger tiefem

Ernst bei uns gelebt, und zwar nicht als Märchen aus Tausendundeiner Nacht, sondern als trockene, fromme Kost des Alltags. Ein Teil davon ist das Kopftuch.

Als Johannes Rau warnte, ein Verbot des Kopftuchs an Schulen werde sich auch gegen Mönchskutte und Kreuz wenden, erkannten die wenigsten die weise Voraussicht des damaligen Bundespräsidenten. Aber viele empörten sich: Man dürfe doch nicht die Erkennungszeichen unserer christlichen Herkunft, die für Toleranz und Barmherzigkeit stünden, auf eine Stufe stellen mit Symbolen, die die Unterdrückung der Frau bedeuteten und letztlich mit Terroristen sympathisierten!

Erstaunlicherweise war hinter einigen Diskussionsbeiträgen nun deutlich ein Schatten zu sehen, der sonst stets für Aufregung und sofortigen Rückzug sorgt: das Christliche Abendland. Plötzlich waren Beiträge, die man sonst schon dieses Schattens wegen über die Reling wirft, willkommen im Boot der Kopftuchgegner. Lieber, so meinte man flüstern zu hören, gemeinsam unter der Flagge der Christlichen Seefahrt als von den mohammedanischen Piraten gekapert.

Warum ist das Tabu hier kein Tabu mehr? – Weil die Hohenpriester der nationalen Zivilreligion den Muselmann ohnehin abartig finden: Die HohenpriesterInnen des Feminismus und der Emanzipation mögen keine geschlechtsbedingten Rollenunterschiede und schon gar keine väterlich-männliche Autorität. Die Hohenpriester der Sicherheit und der Atlantikpartnerschaft sind gegen die Träger kultureller Konzepte, die in Konkurrenz zu dem der USA stehen und, von höchster religiöser Motivation getragen, sogar dafür sterben wollen. Die Hohenpriester der Toleranz mögen keine religiöse Orthodoxie und schon gar nicht eine mit missionarischem und politischem Anspruch. Die Hohenpriester der deutschen Christen sind sowieso gegen jede Art von strenger Frömmigkeit, zumal dann, wenn sie sich verbreitet.

Und das Volk? Wie steht es zu seiner Herkunft aus dem, was man idealiter christliches Abendland nennt? Immerhin besuchen 4 Millionen Deutsche jeden Sonntag die heilige Messe, eine christgläubige Minderheit, die es mit allen Parteien aufnehmen könnte, solidarisierte sie sich denn. Den wenigsten gläubigen Christen dürften die Grundzüge des Islam oder seine Geschichte geläufig sein. Bei einigen sozial und ökumenisch interessierten und engagierten Brüdern und Schwestern mochten Moscheebesuche und dergleichen vorgekommen sein, als Multikulturalismus noch eine fröhliche Angelegenheit war, die via Straßenfest, Dritte-Welt-Laden und Anti-Rassismus einen attraktiven Mix aus Exotismus und Gutmenschentum bot. Aber die Jünger Mohammeds treten selbstbewußt auf, der Zweifel am Eigenen ist ihnen so fremd wie die ergebnisoffene Beratung, kurz: zur Blutsbruderschaft zwischen Kara Ben Nemsi und Hadschi Halef Omar ben Hadschi Abul Abbas Ibn Hadschi Dawud al Gossarah kam es nicht, weil die Enkel des Karl-May-Helden kein Blut mehr sehen können. (Übrigens versucht in Karl Mays Reiseerzählung „Durch die Wüste“ gleich zu Beginn der Diener und Führer Halef seinen Sidhi zu bekehren. Aus dem ersten Satz: „Ist es wahr, Sidhi, daß du ein Giaur bleiben willst, ein Ungläubiger, welcher verächtlicher ist als ein Hund, widerlicher als eine Ratte, die nur Verfaultes frißt?" entwickelt sich ein ebenso gelehrtes wie amüsantes Religionsgespräch.)

Dem konservativen Teil des deutschen Christenvolks ist schon des Fremden genug ins Vertraute gekommen. Stück für Stück scheint zu entgleiten, was ungefragt seine Heimat war: In Bayern muß zur Not eines Kreuzesfeindes wegen das Schulkreuz weichen, und nicht einmal der Landesvater darf allüberall Schulkreuze verordnen. In Berlin-Brandenburg entfällt der staatliche Religionsunterricht. Prozeßliebhaber bekämpfen Glockengeläut. Künstlerischen Gotteslästerern und medialen Schweinigeln ist juristisch nicht beizukommen. Die CSU ist schon lang nicht mehr das, was sie unter Alois Hundhammer einmal war. Und die EU-Verfassung hat auch keinen Gottesbezug. Seine Kinder bekommt man nicht einmal aus der schulischen Sexualaufklärung heraus, und in die Kirche bekommt man sie später auch nicht mehr hinein. Und dann kommen Leute, die wollen Moscheen bauen, deren Minarette die Heimat prägen würden, wie es die Kirchtürme doch eigentlich seit Jahrhunderten tun. Soll da etwa auch noch ein Muezzin herunterrufen? Wird jetzt auch noch Stück für Stück ausgetauscht, nachdem Stück für Stück ausverkauft wurde?

Die Frage, ob wir eine Jahrhunderte währende Prägung aufgeben, ist dramatisch. Und sie ist es schon seit längerem. Und doch mußte der damalige Bundespräsident Johannes Rau an folgendes erinnern: „Dabei ist uns allen doch klar, daß die Frage, ob wir dies Erbe fortführen, nicht von Bekleidungsvorschriften abhängt. Ob wir weiterhin ein christlich geprägtes Land sind, das hängt allein und zuerst davon ab, wie viele überzeugte und glaubwürdige Christen es bei uns gibt."

Diesen sollten eigentlich die wegweisenden Worte des Zweiten Vatikanischen Konzils bekannt sein, das in seiner Erklärung über die nichtchristlichen Religionen *Nostra aetate* sagt: „Mit Hochachtung betrachtet die Kirche auch die Muslime, die den alleinigen Gott anbeten, den lebendigen und in sich seienden, barmherzigen und allmächtigen, den Schöpfer Himmels und der Erde, der zu den Menschen gesprochen hat. Sie mühen sich, auch seinen verborgenen Ratschlüssen sich mit ganzer Seele zu unterwerfen, so wie Abraham sich Gott unterworfen hat, auf den der islamische Glaube sich gerne beruft. Jesus, den sie allerdings nicht als Gott anerkennen, verehren sie doch als Propheten, und sie ehren seine jungfräuliche Mutter Maria, die sie bisweilen auch in Frömmigkeit anrufen. Überdies erwarten sie den Tag des Gerichtes, an dem Gott alle Menschen auferweckt und ihnen vergilt. Deshalb legen sie Wert auf sittliche Lebenshaltung und verehren Gott besonders durch Gebet, Almosen und Fasten.

Da es jedoch im Lauf der Jahrhunderte zu manchen Zwistigkeiten und Feindschaften zwischen Christen und Muslimen kam, ermahnt die Heilige Synode alle, das Vergangene beiseite zu lassen, sich aufrichtig um gegenseitiges Verstehen zu bemühen und gemeinsam einzutreten für Schutz und Förderung der sozialen Gerechtigkeit, der sittlichen Güter und nicht zuletzt des Friedens und der Freiheit für alle Menschen."

Diesem Weg ist Johannes Paul II. treu geblieben. Bereits am 10. Januar 1982 wies er auf etwas hin, das im Zusammenhang mit Kopftuchverboten neue Aktualität gewinnt. Denn die Scham der muslimischen Frauen ist ja nicht nur ein Gefühl, über das religiöse Gebot ist ihre Verhüllung im Gewissen verankert. Staatliche Zwänge und gesellschaftlicher Druck sind Gewalt gegen das Gewissen dieser Frauen. Und „dem Gewissen Gewalt anzutun", so der Papst, ist „der schmerzlichste Schlag gegen die Menschenwürde, ja in gewissem Sinne schlimmer als der physische Tod." Fast 20 Jahre nach dieser Ansprache setzte Johannes Paul II. als erster Papst einen Fuß in ein islamisches Gotteshaus. Am 6. Mai 2001 – prophetisch, wenn man an die Zeit nach dem 11. September denkt – wandte er sich in der Omaijaden-Moschee, in Damaskus neben dem Grab Johannes des Täufers gelegen, an die Muslime:

„Liebe muslimische Freunde, As-salámu 'alaikum! (...) Es ist meine sehnliche Hoffnung, daß die muslimischen und christlichen Religionsführer und Lehrer unsere beiden großen Gemeinschaften als Gemeinschaften in respektvollem Dialog darstellen und niemals mehr als im Konflikt stehende Gemeinschaften (...) Ein besseres gegenseitiges Verständnis wird auf praktischer Ebene gewiß dazu führen, unsere beiden Religionen auf neue Art und Weise darzustellen: Nicht als Gegner, wie es in der Vergangenheit allzu oft geschehen ist, sondern als Partner für das Wohl der Menschheitsfamilie (...) Mögen sich die Herzen von Christen und Muslimen mit Empfindungen der Brüderlichkeit und Freundschaft einander zuwenden, damit uns der Allmächtige mit dem Frieden segnet, den allein der Himmel geben kann. Dem einen, erbarmungsvollen Gott sei allezeit Preis und Ehre. Amen."

Literatur

Meral Akkent, Gaby Franger, Das Kopftuch – Basörtü, 1987.

Ernst-Wolfgang Böckenförde, Mit dem Unvertrauten vertraut werden, FAZ 17. Juli 2004.

Sahih al-Buhari, Nachrichten von Taten und Aussprüchen des Propheten Muhammad, 1997.

Ralf Elger, Islam, 2002.

Frantz Fanon, Algerien legt den Schleier ab, in: Aspekte der Algerischen Revolution, 1969.

Ralph Ghabdan, Das Kopftuch in Koran und Sunna, Friedrich-Ebert-Stiftung, 2002.

Adel Theodor Khoury (Hrsg.), So sprach der Prophet. Worte aus der islamischen Überlieferung, 1988.

Silke Ruth Laskowski, Der Streit um das Kopftuch geht weiter, in: Kritische Justiz 36 (2003), Heft 4, S. 420–444.

Suzanne Mann, Das Kopftuch der muslimischen Lehramtsanwärterin als Eignungsmangel im Beamtenrecht, 2004.

Mohseen Massarrat, Ein Stück Identität, in: Freitag Nr. 4, 16.1.2004.

David McNeill, Das Gesicht. Eine Kulturgeschichte, Wien 2001.

Heide Oestreich, Der Kopftuchstreit, 2004.

Irmgard Pinn, Marlies Werner, EuroPhantasien, 1995.

Annemarie Schimmel, Meine Seele ist eine Frau. Das Weibliche im Islam, 1995.